资源领域科技创新研究报告

中国 21 世纪议程管理中心　编著

北京

冶金工业出版社

2019

内 容 提 要

本书对"十一五"以来我国矿产资源勘探、金属资源开发、盐湖与非金属资源开发、煤炭资源开发、油气资源勘探开发以及地热开发等领域的科技创新工作进行了较为全面、系统的梳理和总结。在大量数据的基础上，从资源领域科技创新的背景、形势和需求出发，对国际科技发展状况与趋势、我国科技创新进展、取得的重大标志性成果等进行凝练和分析，为新时代我国资源领域科技创新提出政策建议。

本书可为广大科研人员和各级科技管理人员全面了解资源领域科技发展前沿提供参考，以及为科技创新战略研究和科技计划管理相关部门提供借鉴。

图书在版编目（CIP）数据

资源领域科技创新研究报告/中国 21 世纪议程管理中心编著 . —北京：冶金工业出版社，2019. 8
ISBN 978-7-5024-8234-3

Ⅰ.①资… Ⅱ.①中… Ⅲ.①矿产资源—技术革新—产业发展—研究报告—中国 Ⅳ.①F426.1

中国版本图书馆 CIP 数据核字（2019）第 176312 号

出 版 人 谭学余
地　　址　北京市东城区嵩祝院北巷 39 号　邮编　100009　电话　（010）64027926
网　　址　www.cnmip.com.cn　电子信箱　yjcbs@cnmip.com.cn
责任编辑　徐银河　美术编辑　郑小利　版式设计　孙跃红
责任校对　李　娜　责任印制　牛晓波
ISBN 978-7-5024-8234-3
冶金工业出版社出版发行；各地新华书店经销；北京博海升彩色印刷有限公司印刷
2019 年 8 月第 1 版，2019 年 8 月第 1 次印刷
169mm×239mm；9.25 印张；179 千字；135 页
88.00 元

冶金工业出版社　投稿电话　（010）64027932　投稿信箱　tougao@cnmip.com.cn
冶金工业出版社营销中心　电话　（010）64044283　传真　（010）64027893
冶金工业出版社天猫旗舰店　yjgycbs.tmall.com
（本书如有印装质量问题，本社营销中心负责退换）

本书编委会

主　　编　黄　晶

副主编　汪　航

执行主编　樊　俊　裴志永

编　　委

勘探和地热组

朱日祥　董树文　吕庆田　王高尚　陈宣华　王贵玲

金属矿组

何发钰　王海北　孙　伟　朱阳戈　王　勇　吴卫国
陈　雯　廖春发　易　峦　郭利杰　盛　佳　刘兴华
谢　铿　尹升华　袁文辉

盐湖与非金属矿组

于建国　冯安生　孙玉柱　刘长淼　焦鹏程　黄朝晖
房明浩　宋少先　任子杰

煤炭组

朱真才　刘　辉　郭源阳　雷　毅　丁　栋　易真龙
陈佩佩

油气组

窦宏恩　庞　宏　田洪亮　林世国　屈沅治　宁雅洁
刘　嘉

政策组

秦　媛　卢烁十

序　言

　　《资源领域科技创新研究报告》是对"十一五"以来我国资源领域科技创新工作进行的一次较为全面、系统的梳理和总结。

　　改革开放以来，资源的开发利用为支撑我国经济社会发展起到了巨大作用，但高强度开发同时带来了资源紧缺、环境污染、生态退化等问题。进入 21 世纪，我国资源领域面临更加严峻的形势，如战略性矿产资源供需缺口持续扩大；资源勘探地质条件复杂，难度不断加大；资源综合利用率远低于世界先进水平；油气工业资源劣质化、环境复杂化。依靠科技创新注入发展新动力是我国资源行业转型升级、不断壮大的必然选择。

　　2006 年，《国家中长期科学和技术发展规划纲要（2006—2020年)》颁布，明确提出要"增加储量、高效开发、综合防治、改善环境"，给我国资源勘探开发指明了发展方向。在这个背景下，"十一五""十二五"期间，科学技术部等多部门在资源勘探开发领域有计划、有重点地部署了多个科技计划项目，经过十余年的持续发展，形成了一批适应我国资源特点的理论、技术与装备成果。

　　中国 21 世纪议程管理中心是科技部直属的中央财政科技计划项目管理专业机构，承担了国家高技术研究发展计划（863 计划）、国家科技支撑计划及国家重点研发计划资源领域相关项目的过程管理。在国家科技计划改革深入推进的大背景下，在中国 21 世纪议程管理中心的精心组织和多名行业专家的深度参与下，编委会对我国资源领域的科技进展和成果进行了凝练、分析和总结，还就相关技术方向的国际现状与发展趋势进行了调研，对未来发展方向进行了初步研判。我们欣喜地看到，依托科技创新，我国在成矿理论与勘查技术、深部及绿色智能开采、难处理资源综合利用、盐湖和非金属矿产的高效综合利用、矿山生态保护与修复等方向科技进步显著，取得了一大批标志性成果，资源勘探理论和技术与国外的差距正在缩小，以绿色、集约、智能化为特征的可持续开发模式正在形成。

本书资料翔实，数据准确，分析客观，所选成果具有代表性，不仅全面展示了我国近年来在资源领域科技创新和可持续发展方面付出的不懈努力和取得的丰硕成果，也针对目前存在的技术短板和事关长远发展需要解决的问题，提出了建设性的意见和建议，对于我国科学制定资源领域科技创新规划，合理部署科学研究任务，提升行业科技创新能力，大力推动"资源强国"建设具有重要的参考价值。

2019 年 6 月

前　言

　　资源是人类赖以生存的物质基础。矿产资源是经济发展与人民生活水平提高的重要物质保障，在很大程度上决定着社会生产力的发展水平和社会进步。据统计，目前社会生产所需的约80%的原材料、90%以上的能源、70%左右的农业生产资料、30%以上的饮用水，均来自矿产资源。

　　我国是矿产资源大国。就储量而言，我国是世界上矿产资源种类比较齐全的少数国家之一，截至2017年年底，我国已发现矿产173种，其中探明储量的有159种，基础储量居世界前列的有钨、钼、锑、钛、稀土、石膏、菱镁矿、重晶石、萤石等。我国还是全球矿产资源第一生产大国，其中煤炭产量连续多年位居世界第一位。2017年，粗钢、十种有色金属、黄金产量均位居全球首位；我国稀土产量约占世界总产量的90%左右；钨、镁、铋产量占全球产量的80%左右；铅、铝土矿、锌、钼、锡等有色金属的产量也分别占全球产量的30%～60%。我国也是世界矿产资源消费第一大国，矿产资源的消费占比为全球的30%以上，主要有色金属铜、铝、铅、锌的消费量均居世界首位。

　　我国是名副其实的矿产资源大国，但是矿产资源行业的发展仍然呈现"大而不强"的主要特点，还不是矿产资源强国。比如许多大宗消费矿种，如铁、铜、铝、镍、钾等都已成为紧缺资源，对外依存度均在50%以上，有的甚至高达70%～80%，不得不依靠贸易进口来弥补；另一方面，我国大规模进口国际矿产资源，但缺乏与消费规模相一致的矿产品价格话语权和定价权。此外，我国矿产资源立足于规模和扩张的粗放式开发模式依然存在，导致国内资源过度消耗、行业整体效益下滑、生态环境受到破坏等一系列问题。这是我们建设成为矿产资源强国面临的巨大挑战。

　　矿产资源支撑了新中国70年的社会主义现代化建设和工业化进

程，为我国现代化经济体系建设奠定了必要的物质基础，是经济稳定发展与国家安全的重要支柱。特别是改革开放 40 年来，矿产资源极大地促进了我国新型工业化、信息化、城镇化、农业现代化进程的持续快速发展。进入 21 世纪，一方面我国仍处在工业化加速发展阶段，对资源的消耗与日俱增，供应压力日趋增大，资源紧缺成为我国经济社会快速发展的瓶颈；另一方面，粗放式、破坏性的开发利用已不适合新时期矿产资源行业发展的要求，集约、高效、重视生态环境保护已成为矿产资源开发的必由之路。要实现稳定、安全、可持续的资源供给，必须坚定不移地依靠并持续加强矿产资源领域的科技创新。通过科技创新，不断增加资源储量，提高资源综合利用水平，降低环境污染，提升行业发展质量和效益，以推动我国从"矿产资源大国"向"矿产资源强国"迈进。

2006 年，我国发布了《国家中长期科学和技术发展规划纲要（2006—2020 年）》（以下简称《规划纲要》）。根据其总体目标，我国矿产资源领域要按照"增加储量、高效开发、综合防治、改善环境"的原则，依靠科技创新，重点针对矿产资源领域存在的问题，尤其是资源严重紧缺、综合利用率低、勘探地质条件复杂等主要难题，加强战略布局，加大科技创新。2011 年，国务院《找矿突破战略行动纲要（2011—2020 年）》提出，加快推进重点成矿区带的基础地质调查、矿产远景调查和综合研究工作，促进深部找矿突破。

2012 年，党的十八大明确提出大力推进生态文明建设，对资源开发提出了新要求，也为资源领域的科技发展指明了方向："坚持节约优先、保护优先"的原则，通过新技术、新工艺、新装备等的科技创新，增加可利用资源量、提高资源利用率、优化资源合理开发、提高资源综合管理水平、促进节能减排，推进实现"绿色发展、循环发展、低碳发展"的目标。

2014 年，国家《"丝绸之路经济带和 21 世纪海上丝绸之路"建设战略规划》，对"一带一路"沿线的矿产勘查、开发等领域的能源资源合作提出了具体的需求。同期，国务院《能源发展战略行动计划（2014—2020 年）》明确了我国能源发展的总体方略和行动纲领。2015

年，中国工程院启动"矿产资源强国战略研究"项目，出版了《矿产资源强国战略研究系列丛书》。

为全面贯彻落实《规划纲要》任务及国家重大部署，践行十八大提出的相关要求，贯彻建设矿产资源强国战略，根据国家经济和社会发展需求，"十一五"以来，针对我国资源日趋紧缺、科技需求迫切的状况，国家重点基础研究发展计划（973计划）、国家高技术研究发展计划（863计划）、国家科技支撑计划、国家自然科学基金、国家国际科技合作专项、国家科技重大专项等国家科技计划对资源领域重大理论研究、共性关键技术开发和示范应用进行了大力的支持。

经过近10年持续的科技研发和创新，到"十二五"（2011—2015年）末，我国资源领域科技创新取得了重要进展，在资源勘探开发与综合利用方面突破了一批关键瓶颈问题，掌握了一批核心技术，取得了一系列具有重要影响的标志性成果，行业科技创新能力和核心竞争力大幅提升，初步探索出了一条符合我国资源特点的科技创新之路，开创了我国资源开发的新格局和新模式，为我国21世纪前20年国家能源资源的安全供应及经济社会的稳步发展作出了巨大贡献。

党的十九大以来，我国进入中国特色社会主义新时代。在实现"两个一百年"宏伟奋斗目标和伟大中国梦的过程中，矿产资源仍将扮演重要的角色。我国经济和社会发展对矿产资源的刚性需求仍将保持高位运行，资源供需矛盾仍十分突出；同时，我国石油、天然气、铁、铜、铝、镍等多数大宗矿产及锂、钴等相当一部分新兴战略性矿产对外依存度过高，保障国家能源资源安全、建设矿产资源强国依然是长期而艰巨的战略任务。

新的时代为我国矿产资源开发和科技创新提出了新的要求。目前，全球科技创新进入空前密集活跃的时期，新一轮科技革命和产业变革正在重构全球创新版图、重塑全球经济结构，以清洁高效可持续为目标的能源技术加速发展将引发全球能源变革。我们正处于转变发展方式的历史性交汇期，既面临着千载难逢的历史机遇，又面临着复杂国际环境的严峻挑战。十九大报告指出"要坚持人与自然和谐共生""坚持节约资源和保护环境的基本国策"。矿产资源的勘探开发必须树立和践行绿水青山就是金山银山的理念，像对待生命一样对待生态环境，实现资源开发利用的绿色、清洁和可持续性发展。同时，十九大报告也提出，我国要"加快建设创新型国家。创新是引领发展的第一动力，是建设现代化经济体系的战略支撑""必须坚定不移贯彻创新、协调、绿色、开放、共享的发展理念"。习近平总书记指出："关键核心技术是要不来、买不来、讨不来的""自主创新是我们攀登世界科技高峰的必由之路"。加快资源领域科技创新尤其是自主创新，是解决我国矿产资源供需矛盾、建设资源强国、实现矿产资源的可持续开发和利用的关键途径和根本动力。

本书对"十一五"以来资源领域科技创新的重要进展和重大标志性成果进行了系统的梳理和凝练，对这一时期资源领域科技创新的特点进行了分析和总结，主要目的是研判我国资源领域科技创新面临的形势、机遇与挑战，提出新时代背景下资源领域科技创新发展方向和相关政策建议，为资源领域科技创新发展提供支撑。

本书由中国 21 世纪议程管理中心牵头，来自中国矿业大学、北京科技大学、华东理工大学、中国地质科学院、中国石油大学（北京）、北京矿冶科技集团有限公司、长沙矿冶研究院有限责任公司、中国地质调查局郑州矿产综合利用研究所等单位的多名专家和学者参与了编写。郝芳、胡岳华、吴爱祥、周爱民、杨斌、杨晓聪、周园、王石军、雷光元、李宏灿、张海满、申宝宏、李小兵、冉进财、宋岩、孙金声、胡永乐、魏国齐、吕建中、李珍、郑水林、彭同江、孙红娟、徐龙华、孙志明、刘学琴等专家为本报告的撰写提供了咨询帮助和大力支持。在此向所有付出辛勤劳动的人员表示衷心的感谢！

本书所提到的"资源"主要是指煤炭、油气、金属、非金属、盐湖矿产及地热等物质资源。

由于书中涉及领域广泛，编写时间紧迫，疏漏之处在所难免，敬请广大读者指正。

中国 21 世纪议程管理中心

2019 年 6 月

目　　录

1 资源领域科技创新的宏观形势

1.1 我国资源安全总体形势

长期以来，我国对各类矿产资源需求量大（见图 1-1），消费量占世界总消费量比例高（见图 1-2），对外依存度高（见图 1-3）。未来 10 年，我国铁、铜、铝、铅、锌、钾盐等大宗矿产需求将陆续达到峰值并在相当长时期内保持高位（见图 1-4），资源供需矛盾形势十分严峻。

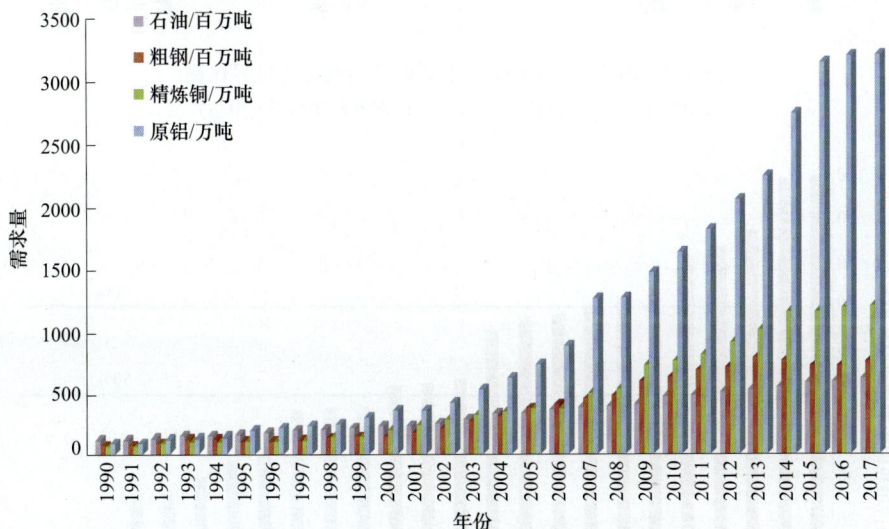

图 1-1　我国四大矿产年需求趋势变化图
（资料来源：中国地质科学院全球矿产资源战略研究中心）

1.1.1 能源资源是我国经济社会发展不可动摇的物质基础

据研究[1]，1949~2000 年，我国累计消耗能源 199 亿吨油当量、粗钢 23 亿吨、铜 2217 万吨、铝 3270 万吨；2001~2020 年，预计累计消耗能源 489 亿吨油当量、粗钢 106 亿吨、铜 1.56 亿吨、铝 3.76 亿吨；2021~2050 年，预计将消耗能源 1045 亿吨油当量、粗钢 136 亿吨、铜 3.53 亿吨、铝 9.21 亿吨、钾盐 4 亿多吨。2017 年，我国能源消费总量 31.43 亿吨油当量，比上年增长 2.9%，占全球一次能源消费量的 23.3%；铁、铜、铝、铅、锌等大宗矿产及稀土、锂、钴等战

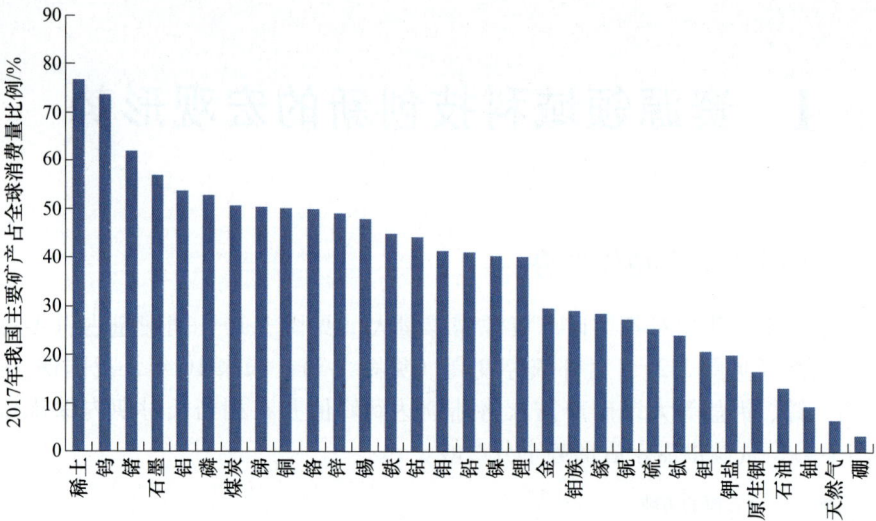

图 1-2　2017 年我国 31 种主要矿产消费量占世界比例
（资料来源：中国地质科学院全球矿产资源战略研究中心）

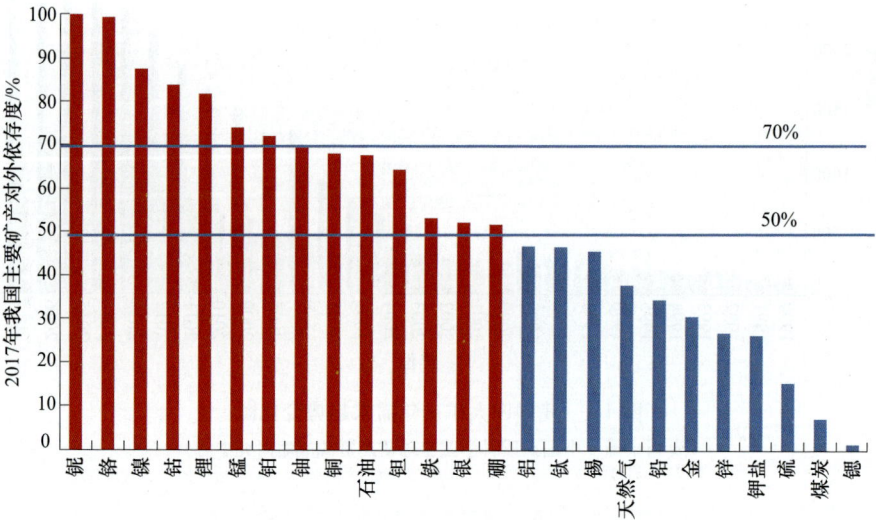

图 1-3　2017 年我国 25 种主要矿产消费对外依存度
（资料来源：中国地质科学院全球矿产资源战略研究中心）

略资源消费量占全球的 40% 以上。未来 10～15 年，我国对大宗矿产资源（铜、铝、铅、锌、镍、金、富铁等）的需求仍将保持高位态势，对战略新兴矿产如稀土、铀、锂、钴等的需求将保持快速增长态势。我国作为世界第一矿产资源消费大国的局面仍将保持到 21 世纪中叶甚至更长时间。

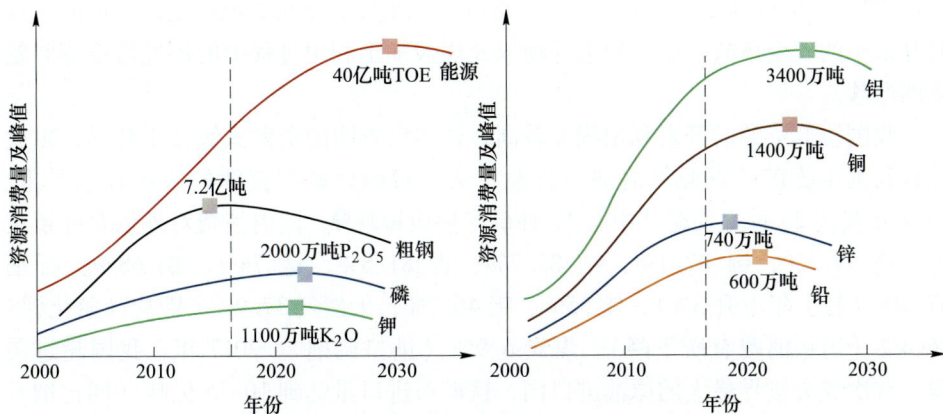

图 1-4　我国未来大宗矿产消费需求趋势示意图
（资料来源：中国地质科学院全球矿产资源战略研究中心）

1.1.2 矿产资源供给严重不足与能源结构不合理的基本国情没有改变，能源资源缺口日益突出

我国已发现的石油、天然气、铀矿储量人均占比不足世界水平的 1/10，大宗金属矿产不足 1/3，国内矿产资源供应能力严重不足，一些重要矿产资源品质不佳，能源供给结构极不合理。从现有经济可供储量看，在全球化市场背景下，我国 25 种主要矿产中❶，有 14 种矿产的经济可供储量❷难以保障 2025 年需求，分别为石油、天然气、铁、锰、铬、铜、铅、锌、镍、钴、锑、金、银、萤石。到 2035 年，能够保障的只有 7 种（钒、钛、钼、钨、石墨、磷、煤炭），保障不足的有 6 种（铁、锰、铝土矿、锂、萤石、钾盐）；保障严重不足的有 12 种（石油、天然气、铬、铜、铅、锌、镍、钴、锡、锑、金、银），需大量进口。若矿产需求全部由国内供应，即使不考虑成本，25 种矿产中也有 14 种矿产的探明技术可采储量难以保障 2035 年需求，分别为石油、天然气、铁、锰、铬、铜、铅、锌、镍、钴、锑、金、银、萤石。

随着世界经济规模的不断增长，能源需求仍在不断增加，能源消费结构趋向优质化，煤炭在一次能源中所占比例呈下降趋势，但在相当长时期内煤炭仍将是我国的主体能源。2017 年，世界能源消费结构中煤炭占比为 27.6%[2]，我国煤

---

❶　25 种主要矿产指：石油、天然气、煤炭、铁、锰、铬、钒、钛、铜、铝、铅、锌、镍、钼、钴、钨、锡、锑、锂、金、银、磷、钾、石墨、萤石。

❷　可供储量对累计需求的保障程度，即如果需求完全由国内提供，这些矿产的经济可供储量保障不到 2025 年需求。

炭占比仍高达 60.4%[3]，这是由我国能源禀赋条件和结构状况决定的。同时，煤炭开采中的安全事故、矿山生态环境以及煤炭加工利用过程中的环境污染等问题依然严峻。

我国浅部资源的开发利用程度较高，许多已查明的资源家底几乎耗尽，由此导致我国主要矿产资源供需缺口日益扩大，对国外矿产资源的依赖日趋严重。2017 年我国 25 种主要矿产中有 17 种矿产供应短缺❶，国内消费对外依存度依次为：铬 99.3%、镍 87.4%、钴 83.7%、锂 81.8%、锰 74%、铜 68%、石油 67.4%（较上年上升 3%）、铁 55%、铝 46.7%、天然气 37.9%、钾盐（氯化钾）26.4%（当年消费有所下降）、煤炭 6.9%（进口调剂）。2017 年，我国超过美国，首次成为世界最大的原油进口国，铁矿石进口量达到 10.75 亿吨（同比增长 5%），占全球铁矿石总产量的 46.3%。若找油找矿没有大的突破，石油、天然气的对外依存度将大幅提升，到 2025 年锑有可能从净出口变为净进口，对外依存的矿种将增加到 18 种[1]。当前我国经济发展已步入新常态，不同资源的供需格局正在发生深刻转换，资源行业推进供给侧改革，保障大宗紧缺资源的稳定供给，满足新兴的资源需求，必须将加强资源储备和开发能力作为战略基础。

1.1.3 资源型城市的增储需求仍长期存在

国务院发布的《全国资源型城市可持续发展规划（2013—2020 年）》，首次界定 262 个"资源型城市"，其中属于矿产资源型城市的有 196 个（包括 90 个资源枯竭型城市）。资源型城市是维护能源资源安全的桥头堡，矿山是矿产资源型城市的发展依托。调查表明，全国 1010 座大中型矿山中 393 座为资源严重危机，269 座为资源中度危机，70 座为资源轻度危机，资源危机矿山占比 63%，其中有色金属、黑色金属及黄金等矿种的危机程度相对较高。大批大中型矿山探明储量枯竭，严重影响资源型城市的可持续发展。依托老矿山，开展深部找矿工作，挖掘资源潜力，延长矿山开采年限，既是保障资源稳定供给的有效途径，也是资源型城市稳定和谐发展的必由之路。

1.1.4 战略性关键矿产成为大国博弈的又一焦点

战略性关键矿产资源对新材料、新能源和信息等新兴产业十分关键，是现代工业、国防和尖端科技领域不可缺少的重要支撑材料，已被美国、欧盟、日本等西方发达经济体视为 21 世纪的战略资源，对国民经济、国家安全和科技发展具有"四两拨千斤"的重要战略意义[3,4]。

---

❶ 25 种主要矿产指：石油、天然气、煤炭、铁、锰、铬、钒、钛、铜、铝、铅、锌、镍、钼、钴、钨、锡、锑、锂、金、银、磷、钾、石墨、萤石。

随着新兴发展中国家逐步迈入工业化的中晚期阶段，全球对战略性关键金属的消费量日益增大。日本 Yano 研究所预测，未来十年日本十种高消费增长率的稀有金属将快速增长。欧盟预测，对稀有金属的需求预计在未来 20 年内将翻三番。以我国制定的七大战略性新兴产业分析，各类战略性关键矿产资源在七个产业 19 个发展方向上均具有重要的应用，其中以新材料产业、新一代信息技术产业最多。

虽然市场经济全球化的趋势无可阻挡，但战略性关键矿产资源的特殊战略价值，使得世界各国都在采取相应的战略抉择以保证不时之需。2009 年，欧盟委员会发布题为《对欧盟生死攸关的原料》的报告，指出了欧盟短缺的稀有矿产原料及对策。2012 年，美国地质调查局发布了《能源和矿产资源科学战略（2013—2023）》报告，也十分重视以"稀有、稀土、稀散金属"为主的高技术型矿产，并把这些矿产的资源分布、成矿条件、地质演变和矿床类型等方面列为研究重点。2017 年，美国内政部和美国地质调查局联合发布了 *Critical Mineral Resources of the United States—Economic and Environmental Geology and Prospects for Future Supply* 咨询报告[5]，将其中 43 种重要矿产原料列入"紧缺"名单，其中包括大部分战略性关键金属。2018 年 5 月，美国内政部发布的《关键矿产最终清单 2018》，共列出 35 种关键矿产。2018 年，欧盟发布 *Report on Critical Raw Materials and the Circular Economy*，确定 27 种（类）金属作为关键金属，其中绝大部分为战略性关键金属。我国"十三五"国家科技创新规划明确提出了"研究稀有金属、稀土元素及稀散元素构成的矿产资源保护性开发技术"，将战略性关键矿产资源的研究和利用上升到国家战略层面。

总的来看，战略性关键矿产资源面对新科技革命和第四次工业革命下日益加剧的国际竞争，作为高技术产业关键原材料的战略意义不断凸显，主要工业国在战略性关键矿产资源领域展开了激烈的大国博弈，进一步放大了战略性关键矿产的供给风险。

1.2　我国资源科技创新需求

习近平总书记举例指出，"从理论上讲，地球内部可利用的成矿空间分布在从地表到地下 1 万米，目前世界先进水平勘探开采深度已达 2500m 至 4000m，而我国大多小于 500m，向地球深部进军是我们必须解决的战略科技问题"。

《中华人民共和国国民经济和社会发展第十三个五年规划纲要》、《国家创新驱动发展战略纲要》（2016）、《"十三五"国家科技创新规划》（2016）、《"十三五"资源领域科技创新专项规划》（2017）、《自然资源科技创新发展规划纲要》（2018）、《能源发展战略行动计划（2014—2020 年）》、《水污染防治行动计划》等国家、行业层面战略规划，均对资源领域"十三五"及未来科技创新发展提出了具体需求。

在经济发展新常态下，国内外环境发生了深刻变化，资源领域供给结构性矛盾日益凸显，煤炭资源面临产能过剩、油气和一些矿产资源面临对外依存度过高等问题，从而形成了对资源供给结构调整、安全保障、节约、高效和综合利用的科技创新需求，以推动资源产业转型升级，缓减资源环境面临的巨大承载压力。发展绿色经济、循环经济和智能经济，助力工业文明向生态文明转变，加强深地资源勘查，拓展深部矿产资源开发深度和深部热能开发强度，打造战略新兴产业，成为当前我国资源领域科技创新的强盛需求。

从能源资源来看，需要发展安全清洁高效低碳的现代能源技术，以推动能源生产和消费革命，优化能源结构、提升利用效率。由于煤炭资源开发利用方式的革命，煤炭资源将由相对粗放开发向安全、绿色、智能、高效开发转变，煤炭利用的科技创新需求迫在眉睫。目前，我国油气人均剩余可采储量仅为世界平均水平的6%，石油年产量仅能维持在2亿吨左右，常规天然气新增产量仅能满足新增需求的30%左右，因此，应用于常规油气、煤层气、页岩气、铀等新型能源资源勘查的科技需求强烈。同时，需要加快地热和氢能源等清洁能源和新能源技术开发、装备研制及大规模应用，提高干热岩发电在一次能源结构中的占比。从矿产资源来看，加强稀土、锗、铟、镓、石墨等新材料矿产勘查，稳定支持铜、镍等短缺矿产和锡、锑等传统优势矿产勘查，完善国家铁矿石战略保障体系，迫切需要提高勘查能力的科技创新。

1.3 我国资源科技创新面临的机遇与挑战

"十三五"时期，特别是进入新时代，我国深入实施创新驱动发展战略，全面深化体制改革，建设现代化经济体系，强化生态文明建设，资源供给和矿业结构正在发生深刻变革和转型升级，矿产资源领域科技创新进入重大机遇期。

（1）随着大深度立体探测技术、移动平台探测技术和遥感技术、信息技术的广泛应用，资源勘查发生了根本性变革，开始由大规模粗放型勘查走向高效、精细勘查。在资源利用与开发领域，由于新能源技术、生物技术、新材料技术和信息技术的广泛渗透，发生了以绿色、智能、高效和循环利用为特征的颠覆性技术革命，为传统资源产业的结构调整和转型升级带来了新的机遇。新技术革命、高端制造、新材料和战略新兴产业的快速发展，使得关键矿产的作用日益突出。资源产业的结构调整和转型升级，为能源资源勘探开发指明了方向，同时也将助推资源领域的科技进步与技术创新。

（2）长期以来，世界能源消费结构已经发生显著变革，能源多元化、清洁化、低碳化发展趋势日益显现，页岩气、煤层气、页岩油、致密砂岩气和天然气水合物等非常规油气能源、深部地热能及氢能等发展势头迅猛，推动了清洁绿色能源革命蓄力加速，对资源领域特别是煤炭资源的低碳化深度利用提出了新的挑战，迫切要求资源领域进行革命性的科技创新。同时，美国页岩气革命之后，世界能源供应格局展开深刻调整，为赢得更多博弈空间，我国也必须加快能源资源领域科技创新步伐。"一带一路"倡议助推沿线国家在能源资源勘查开发方面的深度合作，也为资源领域科技创新带来了前所未有的机遇。

（3）目前，对于资源范畴的认知，已经从传统的、狭义的资源观，扩展到以自然资源资产核算为核心的大资源观范畴。自然资源部成立并统一行使全民所有自然资源资产所有者职责，开启了资源领域管理体系改革创新的新征程，第一次将能源资源纳入"山水林田湖草生命共同体"之中加以统筹监管。同时，页岩气、页岩油、天然气水合物、深部地热资源（干热岩等）已成为重要的非常规清洁能源，锂、钴和稀土等"三稀"矿产成为重要的能源矿产和战略性新兴矿产，非金属矿物功能材料成为经济社会和高新技术产业发展的重要支撑材料，资源范畴已经形成颠覆性的新扩展。由此，为资源领域的科技创新提供了广阔的空间。

（4）资源领域科技创新的辉煌历史和成就，高水平的科技创新人才队伍和爱国奋斗、建功立业的新时代科学精神，将进一步推动资源领域科技创新再创新佳绩。

从基本面看，我国资源禀赋总体较差、人均占有量低，浅部能源资源开采殆尽，资源高位刚性需求与短缺的矛盾日益突出，部分资源对外依存度进一步攀升，面临需求"洪峰"和能源资源产业转型的双重压力。随着勘查开采深度不断加深，大深度立体探测、精细勘查与高效智能机械化开采、清洁集约绿色化利用的需求日益迫切，资源开采的安全问题日趋复杂，矿山安全事故多发、生态环境破坏、环境污染严重，资源环境承载力逼近上限，"卡脖子"的关键核心技术受制于人的局面未有根本性改变，资源领域科技创新工作面临巨大挑战。

（1）从创新水平来看，我国能源资源的勘探开发要向深部拓展，在地球系统科学、成矿成藏理论、勘探开发整体技术和装备水平等方面，还与国际先进水平存在差距。基础研究薄弱、勘查开采技术水平总体落后和一流人才缺乏，导致能源资源的发现与储备不足，资源利用率低、环境污染重，短板效应突出。

（2）从创新效能来看，随着勘查深度的不断加深，能源资源发现的难度越来越大、利用效能越来越低，而能源资源统筹管理与绿色利用的技术应用体系还不健全，科技成果转化成效还不够凸显，资源勘查开发领域主要的仪器装备国产率还较低，创新效能不足。面对生态环境破坏的严峻形势，按照生态文明建设的总体要求，必须强化集约节约与高效利用，着力提高资源利用效率，特别是高碳能源的低碳绿色发展，促进资源产业发展向绿色低碳、清洁安全方式转变。

（3）从创新机制来看，覆盖资源勘查、预测评价、开采开发的全链条式科技创新平台体系还没有形成，支撑领域科学数据共享的政策、法规、标准等仍待健全，尚缺乏基于大数据、云计算和人工智能的"虚拟研究环境"和管理平台，科技人才结构还需进一步优化。

参 考 文 献

［1］中国地质科学院全球矿产资源战略研究中心，内部资料，2018.

［2］BP.《BP 世界能源统计年鉴》2018 版 ［EB/OL］，2018-7-30，https：//www. bp. com/zh_cn/china/reports-and-publications/_bp_2018-_. html.

［3］国家发展改革委."十二五"中国能源消费现状 可再生能源"十三五"时期将大力发展 ［EB/OL］，2018-09-14，http：//www. chyxx. com/industry/201809/676609. html.

［4］翟明国，吴福元，胡瑞忠，等．战略性关键金属矿产资源：现状与问题 ［J］. 中国科学基金，2019，33（2）：106-111.

［5］王安建，王高尚，邓祥征，等．新时代中国战略性关键矿产资源安全与管理 ［J］. 中国科学基金，2019，33（2）：133-140.

2 矿产资源勘探

2.1 国际科技发展状况与趋势

国际矿产资源勘查正在逐渐深化大陆成矿的深部过程和规律研究，不断开拓新的领域，逐步实现从地球表层走向深部，从陆地走向海洋，从开发成熟区走向难进入区域，深地资源开发成为未来重要发展方向，目前勘查深度已达5000～6000m。成矿环境、深部过程对成矿系统形成与演化的制约也成为研究的热点。

2.1.1 成矿理论研究

2.1.1.1 深部探测促进了传统成矿成藏理论的突破

20世纪70年代，发达国家陆续启动了以深部探测和超深钻为主体的深部研究计划，如美国的COCORP、EarthScope，加拿大的LITHOPROBE，法国的ECORS，德国的DEKORP，英国的BIRPS，意大利的CROP以及澳大利亚的地球动力学计划等。这些计划极大地推动了地球科学的发展，在认识地球结构方面取得了许多新的发现，如地壳拆离断层、大陆俯冲构造、地壳熔融层、岩石圈精细结构和MOHO性质，建立了克拉通、造山带、盆地、裂谷等地壳/上地幔三维结构模型等；提出并建立了许多新的地质构造理论，如推覆构造理论、碰撞造山理论、山根动力学、拆沉作用、断离作用、底侵作用、超高压变质作用和折返理论。通过"揭开"地表覆盖层，把视线延伸到地壳深部，在深部资源能源勘查方面可以获得意想不到的新发现：美国在造山带之下找到了大型油田，澳大利亚在覆盖层之下发现奥林匹克坝超大型矿床，苏联在超深钻中发现了深部油气和矿化显示。这些发现突破了传统成矿、成藏理论，拓展了人类索取资源的空间，加深了对成矿成藏过程的认识。

2.1.1.2 将成矿成藏作用纳入大陆演化的整体框架下进行深入研究，强化了对成矿成藏过程的全面理解

近年来，成矿背景和成矿动力学过程研究逐渐成为新的国际前沿，成矿成藏的深部控制因素逐渐受到重视。国际上出现了一些新的研究热点：如把成矿成藏机制与壳幔相互作用等深部过程相结合；把成矿成藏过程与重大地质事件的发生、发展和演化相结合，寻找内在关联；板块边缘成矿成藏、板块边缘动力学演化与过程对成矿成藏作用的影响；陆内伸展体制成矿成藏作用；与幔源岩浆底侵

和地幔柱活动有关的板内成矿作用等。澳大利亚自 20 世纪 90 年代初实施了国家四维地球动力学模型计划（AGCRC），在探测板块边界、地壳三维结构和壳幔过渡带及上地幔结构同时，开展了全国主要成矿带和大型矿集区的三维结构探测，获得了主要成矿带的地壳结构、成矿系统结构和矿集区热-变形-流体控制成矿的演化过程。在西澳 Yilgarn 克拉通，穿过东部金矿省（Eastern Goldfields Province）的反射地震剖面清晰地揭示出成矿系统的空间结构。在 Mt. Isa 成矿带，反射地震剖面揭示在 Mt. Isa 大型银铅锌矿床旁边的 Adelheid 断裂具有强反射特征，把具有强反射特征的断裂连起来，就构成了成矿系统的结构框架，在此基础上开展成矿流体模拟，可以完整地重现成矿流体的运移、汇集和成矿过程。

2.1.1.3　成矿成藏过程的数值模拟技术，为求解复杂成矿系统问题提供了可能

复杂成矿成藏系统具有时空多尺度与高度非线性的典型特征，超大规模数值模拟实验已成为一种行之有效的必不可少的技术手段。国外一些以寻找地壳深部大规模的新矿产资源和油气能源为目标的大型国家级地球科学研究计划，无一不是将"成矿成藏系统"的计算模拟作为攻关的关键技术手段之一。地壳成矿成藏系统是一个高度的非线性系统，主要表现为具有多尺度的物理过程和化学过程间的相互作用。涉及的主要过程有：岩石圈尺度构造变形历史，地幔对流演化，地壳岩石的变形（破裂）过程，流体在地壳孔隙介质扩散对流过程，地热在地壳中的传递过程，矿物在地壳中的输运过程，地壳岩石和流体的相变过程，以及不同物质之间的化学反应过程。根据现代复杂系统科学（Complex System Science）的观点，大型矿床的形成是上述这些过程在不同时间和空间尺度条件下协同作用从量变发生质变的直接结果。由于系统的复杂性，计算模拟已成为揭示复杂成矿系统演化的动力学机制与规律必不可少的研究工具。建立可模拟复杂成矿系统成矿过程的计算模拟理论和算法，无疑具有重要的科学与现实意义。

2.1.2　地球物理勘查技术

发达国家在航空地球物理传感器、航空重力梯度测量、大深度时间域航空电测、快速移动和超低干扰平台、综合数据处理与三维解释等技术方面已有快速发展，航重物探已广泛用于深部资源勘查。

2.1.2.1　地震勘探技术

近年来，国际上在反射地震金属矿成像、井中地震成像、散射成像技术和多波多分量研究等方面取得了很大突破。加拿大、澳大利亚和南非等国家相继开展了金属矿岩石波阻抗及反射系数研究、金属矿（块状硫化物）散射波场模拟、反射地震直接探测金属矿体试验、井中地震成像和 3D 金属矿地震成像等研究，取得了较大进展。如在南非的兰德盆地，利用地震反射技术直接揭示含金矿层的

深部产状；在澳大利亚 Mount Morgan 矿区，利用地震反射技术在矿区南部的深部发现了新的块状硫化物矿体。在处理解释技术方面，高精度层析静校正、叠前时间偏移、分频处理技术等新技术已广泛应用于硬岩矿区勘探。在利用散射成像技术开展金属矿勘探方面，国际上也进行了大量研究，利用散射波场有可能探测大型块状硫化物矿体。地震采集技术与设备，尤其是适应山区地震的采集设备呈现出明显的小型化、轻便化和分布式发展的趋势。美国 Geometrics 公司的 StrataNZ 便携式地震仪是将大型地震仪小型化、轻便化的代表，它具有同时采集上千道的能力，但其质量不足 20kg。美国一些大学与达拉斯折射技术公司合作生产的 Reftek-125 微型单道地震仪，质量不足 1kg，突破了电缆大线的束缚，可以在任何复杂地形、地质条件下进行数据采集。在观测系统上，多道、小道距、高覆盖次数和三维是金属矿地震数据采集的发展方向。

2.1.2.2 大深度电、电磁法探测技术

近十多年来，随着电子技术的巨大进步，地面电磁勘查技术取得了突出进展，电磁法仪器系统也不断地推陈出新。如加拿大 Quantec 公司近年推出了 Titan24 多道电磁探测系统，它将使用多道同时采集技术，将 DCIP 和 MT 测量完美结合在一起，既实现了多参量、实时、网络测量，又达到了金属矿勘查亟需的大探测深度和高信噪比。经过大量试验，该系统适应于各种地质环境下（如斑岩型、矽卡岩型）探测金、铜、镍、IOCG（铁氧化型铜金矿床）、铂和金刚石矿床。其他多功能电磁系统也得到快速发展，加拿大凤凰公司在完善 V-5 大地电磁系统的同时，于 1997 年推出了商用 V5-2000 型阵列式大地电磁系统，近年又推出 V8-2000 系统。美国 Zonge 公司近年推出的 GDP-32 Ⅱ，功能更加强大，性能更加稳定。EMI 公司在完善 MT-1 大地电磁系统的同时，推出适用于矿产与工程探测的商用 EH-4 电磁系统和 MT-24 阵列式大地电磁系统。在测量方法上，TDIP、CR、SIP（VIP、TIP）、MT/AMT、CSAMT、TDEM、FDEM、ERT 等各种方法百花齐放，各显其能。与方法理论、仪器系统相适应，电磁法的数据处理技术也在不断地改进与完善。

总的来说，实现多功能、多参数、大深度、高分辨率电磁探测技术，提高其在矿产勘查的深度、效率和效果是电磁探测方法的发展趋势。

2.1.2.3 重磁位场勘探技术

随着 GPS、电子技术的进步，重、磁勘探技术在测量精度、数据容量、定位精度等方面取得了新的进展。硬件方面突出的进展是重力测量实现自动读数（如 CG-5 重力仪），极大地提高了野外测量效率。地面磁测与 GPS 结合实现自动定位，并实现水平、垂直梯度和甚低频电磁（VLF）多参数测量。如 GEM、GEO-METRIC 公司的高精度磁力仪，在噪声水平、灵敏度、数据容量、梯度容限、能耗、采样率等方面都提高 1 个数量级，实现了 GPS 自动定位与导航和多探头组合

同时测量水平梯度、垂直梯度、电磁场等。在数据处理和解释方面，分析信号（梯度模）、欧拉反褶积、多尺度边缘检测、场源参数成像（SPI）、3D人机交互正反演等新技术为重、磁勘探定量、定性解释提供了新的工具。在三维反演算法上采用了线性反演、约束最优化反演和拟BP神经网络反演等使反演的未知数个数、收敛速度和解的稳定性有了提高。采用二度半逼近三度体和计算机图形学中的"橡胶膜技术"建立三维地质模型，通过校正迭代反演与实时正演拟合，基本实现了重磁正反演人机交互三维可视化实时解释。

总体来看，重、磁探测向智能自动、多类型数据同时观测发展，传感器向更高精度、灵敏度方向发展，基于微机械、低温和高温超导、量子技术、超导技术的传感器需要快速发展。

2.1.2.4　测井及井中探测技术

金属矿测井及井中探测技术是发现盲矿体的重要手段。近年来，国际上测井技术与装备得到快速发展，成像测井系列更加配套完善，测量方法向多源、多接收器、多波、多谱方向发展；测井解释技术正朝着多信息的综合评价、多学科结合的地质综合解释等方向发展。同时，测井数据管理与信息技术一体化、网络测井解释一体化正在成为新的热点。井间电磁层析成像技术是将电磁波传播理论应用到地质上的一种地球物理勘探方法。美国的井间电磁波层析技术处于世界领先地位，在硬件和软件方面均比较成熟。此外，瑞典、日本、澳大利亚、法国、德国、波兰、匈牙利、印度和南非等国也相继投入了井间电磁波层析研究和应用行列。

井中和地下物探技术的发展方向：（1）利用多个参数进行异常的解释和识别，有利于克服多解性和提高分辨率；（2）工作频率向低频（增加探测距离）、高频（提高分辨率）两个方向发展，并开发相应的应用软件。

2.1.3　地球化学勘查技术

地球化学在矿产资源勘查中占有非常重要的地位，约有71%的金属矿产是通过地球化学方法得以发现的[1]。勘查地球化学的发展与分析技术密不可分。20世纪30年代末和40年代初发射光谱方法的出现催生了勘查地球化学在苏联的诞生。50年代湿法快速比色方法的出现推动了地球化学勘查方法在美国、英国、加拿大、德国、法国等国的发展。70年代之后，X射线荧光方法和原子吸收方法的大规模应用使得勘查地球化学从一种局部的辅助性找矿方法开始向区域性的战略性方法转变，电地球化学方法（CHIM）和地气法（Geogas）等穿透性地球化学勘查技术开始形成并得到发展，使得直接获取深部地球化学找矿信息成为可能。90年代等离子质谱法大大地提高了微量元素和痕量元素分析灵敏度，增强了地球化学方法探测弱信息的能力，大大提高了地球化学填图水平；酶提取法

（Enzyme Leach）和活动态金属离子法（MMI）等深穿透地球化学勘查技术开始出现。这些方法经过这些年实战的考验，已经开始走向成熟，并在矿产勘查中开始使用，形成了"深穿透地球化学"勘查理念。

2.1.4 钻探技术

国外发达国家的地质钻探技术较为先进，性能稳定，设备方面以全液压为主，融合了现代信息技术、计算机技术，使得设备更为智能化、自动化。由于国外对原材料基础研究比较深入，钢钻杆质量更加稳定，寿命更长，对轻合金钻杆的研究更是比较早，苏联在20世纪70年代在科拉半岛钻进12000多米的钻孔时就用上了铝合金钻杆。国外深孔孔底动力钻具研发的比较早且系统全面，其产品性能更加稳定，适应的孔深更深，耐高温高压更好，遇复杂地层时所用的泥浆材料更有针对性，护壁效果更好，孔内钻探事故处理手段相对丰富可靠。

反循环连续取心钻探技术，被誉为钻探技术的第二次革命，是当今地质找矿效率最高的钻探技术，国际上以 Sandvik 公司、Atlas Copco 公司、Boart Longyear 公司等大型跨国公司为代表，其产品代表了当今世界上反循环钻机的最高水平。国外在深部资源勘探中，采用该钻探技术的工作量与常规钻探之比为10∶1。美国、加拿大、法国等西方发达国家在反循环取样钻探技术方面比较先进，已经形成了一套技术成熟并得到全面推广的钻探工艺技术，很好地克服了复杂地层中取样难、采样质量低的问题。

在定向钻探技术方面领先的国家有美国、德国、挪威等国家。美国在地质导向系统、随钻测量系统、主动/被动磁测量技术及旋转导向系统等方面都是领先者。20世纪80年代末，德国在大陆科学钻探中研制开发了自动垂直钻井系统（VDS），是现代钻井领域技术发展的一个里程碑。在定向取心方面，目前国内外只有一家挪威公司 DEVICO 拥有成熟、商业化的定向钻进取心技术，属于垄断技术，只做技术服务不做产品销售，已在世界各地建立了六个服务子公司，在勘探领域完成的定向钻探和定向取心重大工程达十余项。

2.1.5 综合勘查技术

在三维地质建模研究方面，澳大利亚最为深入，主要原因是澳大利亚联邦于1999年开展的 Glass Earth Australia 计划（玻璃地球计划），推动了该领域的发展。与此同时，美国实施了"全球矿产资源评价"计划，英国系统开展了 3D-Geology 项目，俄罗斯也已经完成了大区域多层次的三维地质建模工作。上述计划的本质是以地质、地球物理、地球化学等多元数据为基础，利用计算机信息技术实现地质信息的综合性可视化和模拟。

美国、加拿大、澳大利亚、英国等西方发达国家信息技术的应用广泛地融合在各个地质调查领域，在三维模型构建、三维可视化表达、三维地质填图、GIS等方面的技术方法研究、软件工具开发与应用都很先进。

2.2 我国矿产资源勘探领域科技创新的进展

"十一五"以来，我国在成矿理论与勘查技术创新方面取得了新进展。在成矿理论方面，建立完善了青藏高原、钾盐成矿、北方陆相盆地砂岩型铀矿等成矿理论，建立了我国成矿规律时空格架，提出了"三位一体"找矿预测地质模型理论认识，有效地指导了地质找矿实践。在勘查技术方面，航空地球物理勘探技术、地面及井中地球物理勘探技术、穿透性地球化学勘查技术、大深度智能化地质钻探技术等地质勘查新技术进步显著，为地质找矿提供了重要利器。地质理论创新和勘查技术的进步有效地指导、支撑了我国找矿重大发现。

2.2.1 成矿理论

2.2.1.1 成矿系统理论研究

随着我国深部探测技术与实验研究专项的完成[2]和"华北克拉通成矿系统的深部过程与成矿机理""华南陆内成矿系统的深部过程与物质响应""青藏高原碰撞造山成矿系统深部结构与成矿过程""北方增生造山成矿系统的深部结构与成矿过程""北方东部复合造山成矿系统深部结构与成矿过程""多板块汇聚与晚中生代成矿大爆发的深部过程""中国钾盐矿产基地成矿规律与深部探测技术示范"等一系列国家重点研发计划项目的启动实施，在区域成矿理论研究方面取得了显著进展，提出了相对完善的区域成矿理论，建立了大陆增生-碰撞造山、陆内造山等区域成矿理论框架，矿床模型研究也达到了一个新的高度。

我国在成矿理论研究方面的突出进展包括：矿床模型、成矿系列和成矿系统理论日趋完善，有效地指导了找矿勘查实践[3,4]。西藏及邻区中新生代成矿理论创新与找矿取得重大突破；提出东部中生代大陆板内成矿新认识及矿床组合模型，推动了隐伏矿找矿实现新突破；提出钾盐成矿新理论，推动实现找钾新突破；地幔柱成矿作用研究取得重要进展，提出成矿新认识和找矿新标志；三江特提斯复合造山与成矿作用研究取得重要进展，指导找矿增储成效显著[5]。在系列研究中，"大陆碰撞能否成大矿"是当代成矿学的一个重大理论问题。国际主流观点认为大陆碰撞难以成大矿。我国科学家通过系统精细测年和地质证据标定，查明青藏高原大型-超大型矿床主要形成于 $65\sim10Ma$ 前，用事实证明大陆碰撞可以成大矿，成为国际成矿理论研究的重要突破[6]。

以全国矿产资源潜力评价项目为代表的地质矿产调查评价专项的实施，深化了矿床成矿系列与成矿谱系等区域成矿规律研究，完善了我国成矿体系的理论框架。对长江中下游成矿带及矿集区初步进行了深部探测及矿产勘查结合的研究，对提升成矿规律认识、指导深部找矿起到了很好的作用。系列理论及应用突破在找矿领域缩短了我国与国外科技水平的差距，对实现找矿突破发挥了重要支撑作用。

2.2.1.2 矿产资源评价预测理论

在矿产资源评价、预测理论方面，我国矿情调查评价成果显著。"十一五""十二五"以来，通过理论方法创新，对我国煤炭、铀、铁、铝土矿等25个矿种进行了资源潜力预测和评价，圈定了若干找矿远景区和靶区，有力地支撑了资源勘查和开发规划。实施了全国矿产资源利用现状调查专项，对全国石油、天然气、煤炭、煤层气、铀、铁、锰、铬、铜等28个矿种（类）资源进行了调查、核查和综合研究，建立了全国矿产资源储量数据库和动态监督管理支持系统，为高效履行政府职能提供了技术支撑。在全国实施了近15万个矿业权实地核查，系统建立了我国矿产地质测量的基准，首次构建了矿业权实地核查工作的技术框架，全面查清了矿业权现状，夯实了矿政管理数据库。实施了全国油气资源动态评价，通过开展石油、天然气、煤层气、页岩气、油页岩、油砂等油气资源潜力评价，全面反映了我国油气资源潜力最新变化，指导了油气资源勘查部署，为编制国民经济和社会发展规划、制定能源发展战略和油气资源监督管理发挥了重要作用。

随着"基于GIS'三联式'定量成矿预测方法技术研究"等863计划项目的实施，我国在区域矿产预测方面提出了"地质异常"三段式矿产预测理论方法、综合信息预测方法技术、GIS矿产预测方法技术、缺位预测方法、地球化学块体预测理论以及固体矿产矿床模型综合地质信息预测技术。固体矿产矿床模型综合地质信息预测技术在区域矿产资源预测评价和选区部署方面发挥了巨大作用。在勘查区大比例尺预测方面，创建和完善了"成矿地质体-成矿构造和成矿结构面-成矿作用特征标志"三位一体找矿预测理论，提出了找矿预测基本工作方法，构建了我国十类主要矿床类型的"三位一体"找矿预测地质模型[4]。从元素的地球化学特征和地质作用类型相结合的角度出发，提出了深部找矿的地质方法解决方案，并取得显著成效。在三维立体深部预测方面逐步探索出一些新的预测方法，并取得一定成效。

2.2.2 勘查技术与装备

"十一五"以来，通过国家863计划项目、国家重大科研装备研制项目等，我国逐步在地面、航空、海洋、地下等立体勘探装备体系方面加大投入，在重、磁、电、震、放等探测装备研发中，取得了重要进展。与世界先进水平相比，勘查技术装备正逐渐由"跟跑"向"并跑"迈进。

2.2.2.1 航空地球物理勘探技术

随着863计划"航空地球物理勘查技术与装备"和国家重点研发计划"航空

重力梯度仪研制"等系列项目的实施,我国先后攻克30多项航空物探关键技术,研发出航空磁法、航空重力、航空伽马能谱、时间域航空电磁、航空重/磁/遥等勘查系统,实现了我国航空地球物理核心技术装备重大突破,初步形成了一批研发力量,基本具备从"跟跑"到"并跑"的技术研发潜力。具体成果如下:

(1)研制出由全数字化航空氦光泵磁力仪、单通道实时磁补偿仪、海量数据收录系统组成的高精度数字航空磁测勘查系统。同时,研制了配套的地面数字化氦光泵磁力仪、数字化地面磁日变站系统和航磁测量数据处理解释方法及软件。

(2)数字航磁补偿仪和空中数据收录系统实现了磁探测器由模拟向数字信号的转变,从根本上提高了仪器的灵敏度和可靠性。通过测试和51000km测线的应用示范生产。

(3)数字航磁全轴梯度勘查系统以四通道全数字化航空氦光泵磁力仪、多通道实时磁补偿仪、海量数据收录系统为主要部件,经飞机改装后集成为有机整体。同时,研制了配套的航磁及梯度多参量测量数据处理解释方法及软件,实现了航空磁测由单一总场测量向总场加梯度的多参数测量转变,提高了测量分辨率,丰富了磁场信息。通过测试和25000km测线的应用示范生产。

(4)吊舱式时间域直升机航空电磁勘查系统由大功率电磁发射系统(发射线圈直径为12m)和低噪声电磁接收系统组成。同时,研发了配套的时间域直升机航空电磁数据处理与解释软件系统,实现了航空电磁测量由频率域向时间域的转变,探测深度由150m增加到400m。通过测试和4860km测线试生产,部分指标达到国际先进水平。

(5)时间域固定翼航空电磁勘查系统样机由环绕在国产Y12IV型飞机支架上的大功率电磁发射线圈和高灵敏度、气动性能稳定的接收吊舱组成,实现了航空电磁测量由频率域向时间域的转变,具有探测深度大、作业效率高的特点。

(6)数字化航空伽马能谱勘查系统由航空伽马能谱仪主控系统和航空伽马能谱探测器组成。同时,研发了配套的航空伽马能谱勘查方法技术软件,实现了我国自主研发的航空放射性测量系统由无到有的转变。通过测试和20000km测线的试生产,总体达到国际先进水平。

(7)航空物探遥感综合勘查系统包括宽视场角数字航空相机、多航空遥感传感器集成系统、航空物探(重/磁)综合勘查系统、航空物探(重/磁)与遥感综合勘查系统、全部国产化的航空物探(磁/电/放)综合勘查系统。同时,研制了基于航空物探飞行模式的遥感影像数据处理软件。综合勘查系统一次测量可同时获取重力、磁力、遥感正摄影像图和数字地形模型图等多种参数,具有更广泛的用途。

上述航空物探仪器的系统研制取得了突破性进展,技术指标有了极大改进。

2.2.2.2　地面及井中地球物理勘查技术

随着"深部矿产资源勘查技术""金属矿地震勘探关键技术与装备""大深度多功能电磁探测技术与系统集成"等 863 计划项目及"深部资源探测前沿技术与装备"等科技专项的实施，我国在地面及井中地球物理勘查技术方面取得了系列进展，初步形成了从地面到地下，从结构探测到物质探测，适应复杂地质条件的立体探测技术体系。

在重磁勘探技术与装备方面，我国突破了高灵敏度微重力测量传感器核心技术，测量灵敏度达到国外同类技术（CG-5）的水平，成功研制了地面高精度数字重力仪、地面高精度绝对重力仪，其中地面高精度数字重力仪实现了商品化。首次攻克了铯光泵磁场传感器核心技术，突破了铯灯室制作、铯探头设计、宽带信号处理检测系统等核心技术，研制出了高精度直流激发型质子磁力仪、激发核磁共振磁力仪、DGB-8 型数字式氦光泵磁力仪、铯光泵磁力仪等高灵敏度磁力仪。动态激发核磁共振磁力仪突破了多项技术难点，填补了国内在动态激发核磁共振磁力仪领域的技术空白。铯光泵磁力仪测量技术实现零的突破。同时开发出了国际一流的重磁数据处理、反演解释技术和软件系统。实现了复杂地表条件下的重、磁三维约束反演，重-震匹配三维反演，直流电阻率三维反演，激发极化法三维反演，地磁与井中磁测联合多参量三维反演，重力及其梯度数据三维联合反演等反演解释技术。

在电法及电磁探测技术与设备方面，我国攻克了高灵敏度宽频感应式电磁传感器技术，创新了感应式电磁传感器检测与标定技术，为进一步提升电磁传感器的技术性能提供了研究平台。研发成功高灵敏度三分量磁通门传感器，主要指标达到国际同类产品（英国 Bartington 公司的 Mag-03 传感器）的水平。研制出了大功率地面电磁探测系统、分布式高密度多参数电磁探测系统、大功率伪随机广域电磁探测系统和长周期分布式大地电磁观测系统，能够满足直流电法（DC）、时域激电（TDIP）、频谱激电（SIP）、可控源音频电磁法（CSAMT）、大地电磁法（MT）、音频大地电磁法（AMT）、长周期大地电磁法（LMT）等各类野外电磁探测的需求，极大地提高了电法/电磁法勘探的效率，改变了我国多功能电法仪器高度依赖国外的现状。同时进行了一系列方法理论创新，构建了适合于任意地形和复杂模型的大规模三维电磁正反演与可视化交互解释软件平台。

在金属矿地震探测及处理解释技术方面，我国攻克了多项地震信号采集关键技术，突破了小型化液压伺服可控震源关键测控技术，完成了小型化扫频可控震源研制，为实现相控阵定向照明技术在金属矿勘探中的应用奠定了基础。成功研制出适合复杂山地条件的轻便分布式遥测金属矿地震勘探采集系统，该系统同时兼具大型地震采集系统（法国 Sercel）的高分辨、高保真地震信号实时采集功能和超万道采集能力，在轻便主站、混合遥测交叉站和小型可控震源技术等方面具有很强的创新性和独特之处。创新了金属矿地震勘探方法技术，形成了相对完整的技术体系，研发了金属矿地震处理、解释新技术与软件系统和三维地震数据采集与观测系统设计软件。

在地下与井中地球物理探测技术方面，我国研制了大功率坑-井-地三维电磁成像系统、井间电磁波层析成像系统、井中多道激发极化仪、大深度小口径多参数测井仪等地下和井中探测仪器，技术指标总体达到国际同类产品水平，部分达到国际领先水平。实现了仪器设备的实用化和商品化，构建和升级了我国地下和井中探测技术体系。在3000m小口径多参数测井装备的研制方面取得突破。同时实现了多项地下和井中探测方法技术创新，构建了功能齐全的地下物探数据处理、反演解释软件系统。研发的地下物探仪器设备和方法在安徽铜陵等多个矿区进行应用，取得良好应用效果。

2.2.2.3 穿透性地球化学勘查技术

覆盖区是我国未来资源勘查的重要方向，发展针对覆盖层区的穿透性地球化学技术是当今和今后相当长一段时间找矿需要攻克的难题[1]。我国在20世纪80年代末和90年代初研制了金属元素活动态提取方法（MOMEO）和动态地球气纳微金属测量法（NAMEG），从此进入到大深度穿透性地球化学勘查技术快速发展阶段。

穿透性地球化学勘查技术包括纳米微粒探测关键设备与技术、元素活动态提取专用试剂和标准物质、植物和微生物地球化学技术等。目前，我国在该领域处于国际先进水平。随着国家重点研发计划"穿透性地球化学勘查技术"项目等的实施，我国取得了一系列新进展。首次实验合成纳米铜晶体，晶体外形与自然界捕集观测到的纳米晶体高度相似；初步建立了金、铜、铀三种类型矿床元素三维迁移模型；初步建立了纳米尺度地球化学模拟与观测实验平台；活动态提取、地电化学和生物地球化学探测技术的研发和改进增强了对更深矿体的识别能力；示范区研究取得重大进展，胶东金矿3200m深钻在2854m发现深部矿体。

2.2.2.4 大深度智能化地质钻探技术

地质钻探是获取地下深处真实矿产样品的唯一手段。"十一五"以来，我国先后研制成功4000m地质岩心钻探成套装备和自动化、智能化岩心钻探装备，实现了系列技术和工艺突破与创新。目前国内研制的最大特深井钻机的钻深能力为12000m。2014年4月，SinoProbe专项研制的"地壳一号"万米大陆科学钻探钻机开始在大庆实施"松科二井"科学钻探，计划钻深6400m，以获取松辽盆地中-下白垩系地层岩心，为预测未来全球时间尺度气候变化趋势提供科学依据。该井施工中运用了多项创新器具和工艺技术，首次完成了超千米 φ311mm 大口径同径取心，创造了 φ311mm 取心单回次超 30m 和 φ216mm 取心单回次超 40m 的世界纪录，新技术为超万米科学钻探的实施提供了新的技术支撑。"松科二井"于

2018 年 3 月 18 日完钻、5 月 26 日完井，历时 4 年多，"松科二井"最终井深为 7018m，超额完成目标，获取了 415 万组 24T（1T 相当于 1000G）的深部实验数据，实现了理论、技术、工程、装备的重大突破，形成了具有自主知识产权的科学钻探技术和方法体系，提升了我国地球深部探测的能力和影响力。

2.2.3 矿产勘查核心技术进步

高精度地球物理传感器是矿产勘查装备的核心技术。"十一五"以来，我国在传感器材料、工艺方面取得了系列进展。在速度型振动传感器、磁通门传感器、氦光泵磁力仪、接触式电极、感应式磁传感器、通用型闪烁体射线探测器等方面，通过多年攻关，相关技术已趋于成熟，与国外技术处于"并跑"状态；位移型振动传感器、加速度型振动传感器、光纤振动传感器、钾光泵磁力仪、非接触电极、高分辨型闪烁射线探测器和室温化合物半导体射线探测器等处于跟踪国外技术阶段，正在研发完善；重力加速度计、重力梯度传感器、钻石磁传感器、矢量光泵磁力仪、高温与低温超导磁传感器和低温半导体射线探测器等方面与国外尚有差距，但也取得了进步。

2.2.3.1 振动传感器

我国速度型振动传感器基本成熟，在位移、加速度、光纤振动传感器方面仍处于攻关研究阶段。近年来，在以纳米技术为代表的材料技术、智能化为代表的信息技术以及以极端制造、高度集成为代表的加工制造技术的推动下，出现了 MEMS、压电、电化学振动传感器等一批新型传感器，极大地推动了振动传感器的发展。新型压电材料如聚偏氟乙烯（PVDF）压电薄膜具有频响宽、压电常数高、质轻柔软等优点，用其取代压电陶瓷可以有效地改善普通压电振动传感器的技术缺陷。另外，如果采用纳米级的压电材料做敏感元件，并与 MEMS 技术结合，则有可能制造出一种超高灵敏度的海陆两用压电检波器，是研制宽频带、高信噪比、高保真振动传感器的新思路。近年来，吉林大学开展了基于压电驻极体多孔纳米纤维的振动传感器的相关研究，研制了具有高压电性能的 PVDF 纳米纤维传感器，并已取得积极进展。

2.2.3.2 重力传感器

高精度重力勘探方法是资源勘探的重要手段。长期以来，高精度重力仪器一直依靠进口，对国家资源勘探和军事安全构成一定威胁。

我国在发展陆地测量用重力仪和重力传感器方面有一定基础，中国计量科学研究院先后研制了 NIM-1、NIM-2、NIM-3A 型等绝对重力传感器及测量仪器。清华大学研制了 T-1、T-1A、T-2 型等绝对重力仪。中国地震局也研制了一种新型激光干涉绝对重力仪。

在国家 863 计划重大项目支持下，北京地质仪器厂突破了熔融石英重力传感器、高精度恒温测温系统、高精度倾角测量系统等关键和核心技术，实现了石英扭丝导电膜制作工艺等的突破，研制了地面高精度数字重力仪和地面高精度绝对重力仪等适用于深部资源环境勘探的地面微重力测量技术与设备，技术指标达到国际同类仪器水平。

新研制的 ZSM-6 地面高精度数字重力仪[7]（见图 2-1），实现了温度、倾斜、漂移和固体潮自动补偿改正，重力值测量过程全自动化，填补了我国高精度数字重力仪的空白。目前已实现批量生产，可以满足地质科学研究、矿产资源勘探、工程勘查、地质灾害调查和国防建设等领域的需求。

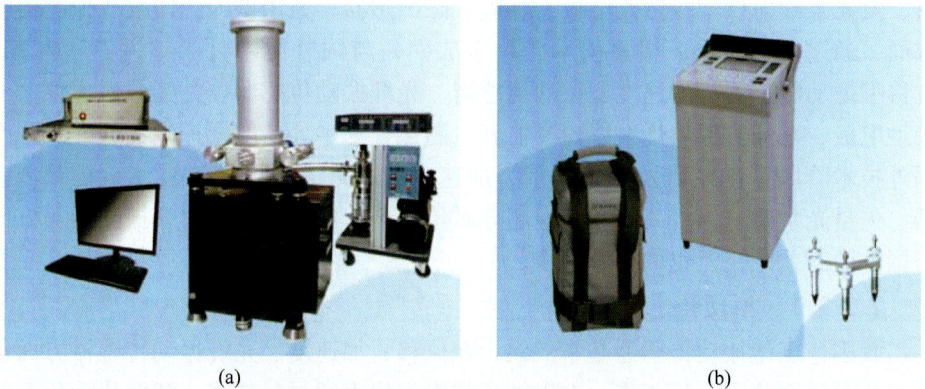

(a)　　　　　　　　　　　　　　　　(b)

图 2-1　地面高精度数字重力仪（北京奥地探测仪器有限公司）

（a）移动式绝对重力仪；（b）ZSM-6 数字重力仪

目前，重力梯度测量的研究前沿之一是高精度原子干涉重力梯度仪，国内在此方面起步较晚，主要有中船重工集团第七一七研究所、中科院武汉数学与物理研究所、华中科技大学、浙江大学等单位开展了相关研究工作。

2.2.3.3　磁测传感器

磁力传感器和磁力仪的研发经历了从机械式磁力仪到质子磁力仪和磁通门磁力仪，再到光泵磁力仪、超导磁力仪和全光学磁力仪的发展历程。国内多家单位研制了不同类型的传统磁力仪，取得了很大进步，国产质子磁力仪已经可以基本满足野外生产需求。磁通门磁力仪在矿产勘查中使用很广泛，国内研发生产单位也很多，中国国土资源航空物探遥感中心研制出 HC-95 型手持式氦光泵磁力仪，中船重工集团第七一五研究所也推出了 GB 系列、RS 系列等氦光泵磁力仪以及高精度铯光泵磁力仪。北京大学、中国地质科学院地球物理地球化学勘查研究所等单位已开始高温超导磁强计的研究，浙江大学、华中科技大学等单位开展了全光学磁力仪的研究，但相关工作仍处于起步阶段。

2.2.3.4　电磁场传感器

目前，我国多家单位已攻克电磁传感器测量技术并研发了相应装备。中国科学院地质与地球物理研究所、电子学研究所、中国地质科学院地球物理地球化学勘查研究所、吉林大学等单位已经研制出用于各种地球物理电磁方法的感应式电磁传感器（见图2-2（a））、高灵敏度三分量磁通门传感器、高温超导三分量磁强计等设备，主要指标水平与国际产品相当，并在石油、多金属矿等行业取得了较好的应用效果，有力地推动了电磁仪器的国产化。此外，我国还研发了高灵敏度感应式电磁传感器噪声检测、感应式电磁传感器检测与标定等方法技术，建立了标定实验室（见图2-2（b））。

(a)　　　　　　　　　　　　　　　(b)

图 2-2　电磁场传感器和标定实验室
（a）我国研制的感应式磁传感器；（b）检测标定实验室

2.2.3.5　电场传感器

在陆地电场传感器方面，中国地震局、吉林大学、中国地质大学（北京）、中国科学院地质与地球物理研究所、中国地质科学院地球物理地球化学勘查研究所开展了电容式电场传感器、不极化电极的研究，目前已基本成熟，并已成功应用于野外勘探中。

2.2.3.6　放射性传感器

放射性传感器是放射性勘探仪器与装备的核心部件，由射线探测器和前置光电部件组成，射线探测器的灵敏体积与能量分辨率是制约放射性勘探仪器与装备系统的探测灵敏度与精确度的关键技术指标。国内 NaI(Tl)、CsI(Tl) 等通用型闪烁体伽马探测器已商品化（见图2-3），最大灵敏体积为 $\phi75mm\times75mm$，室温能量分辨率为 7.0% ~ 8.0%。$LaBr_3$ 晶体伽马能谱探测器的灵敏体积也可达到 $\phi75mm\times75mm$，室温能量分辨率为 2.6%（相对 FWHM @ 662keV），但自身放射性本底值较国外产品高 4 ~ 5 倍。溴化铈和石榴石等新型高分辨闪烁晶体探测器尚处于材料研发阶段。碲锌化镉、碲化镉等化合物半导体探测器正在研发中，最大灵敏体积仅为 10mm×10mm×10mm，室温能量分辨率可达 2.8%（相对 FWHM @ 662keV）。高纯锗半导体探测器目前仍依赖国外进口。

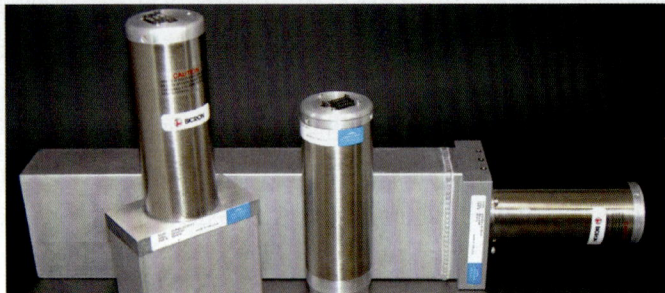

图 2-3 大体积 NaI（Tl）闪烁探测器

2.3 重大标志性成果

2.3.1 青藏高原地质理论创新与找矿重大突破

青藏高原是印度大陆与欧亚大陆碰撞形成的全球最高、面积最大的高原，又称世界"第三极"，在地球科学领域居于独特的地位。"大陆碰撞能否成大矿"是当代成矿学的一个重大理论问题，青藏高原地质工作程度极低，基础资料缺乏，构造地质演化过程复杂，一系列成矿与找矿重大问题亟待解决。我国数百家单位、数千名地质工作者奋战雪域高原，取得了青藏高原成矿地质理论创新与找矿重大突破，实现了空白区填图全覆盖，建立了两大理论，研发了 5 套技术，发现了 3 条巨型成矿带、7 个超大型、25 个大型矿床，是我国矿产资源领域享誉国际的重大突破（见图 2-4）。

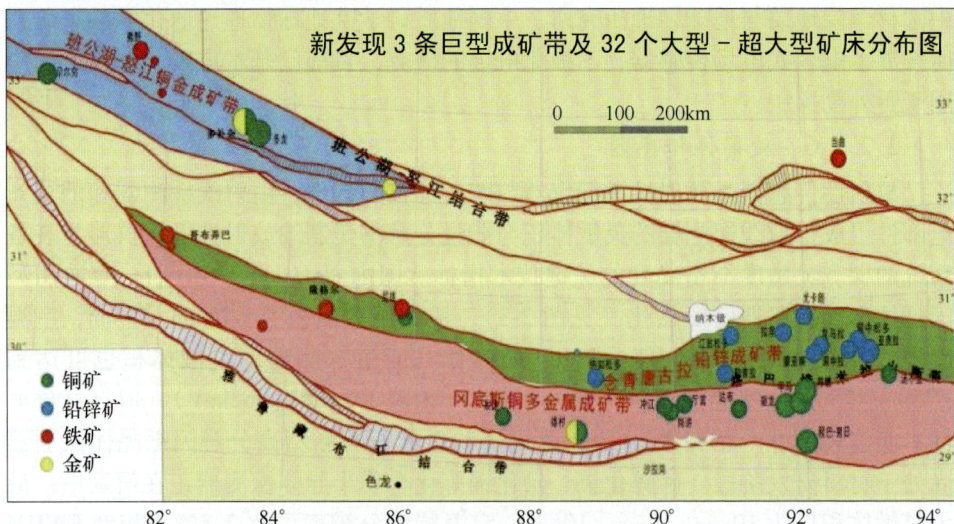

图 2-4 青藏高原地质理论创新与找矿重大突破

主要创新性成果有：

（1）实现了青藏高原空白区 1∶250000 地质填图全覆盖。填制了 177 幅数字地质图，面积 220 万平方千米，获得了海量新数据，取得了一系列重要科学发现，编制地质图、构造图、矿产图、岩相古地理图等系列图件 85 幅。

（2）建立了"特提斯多岛弧盆系构造理论"[5]。提出了青藏高原"一个大洋、两个大陆边缘、三大多岛弧盆系"的构造格架全新认识，重塑了青藏高原地质演化过程。

（3）建立了"陆缘增生–大陆碰撞成矿理论"[6]。识别出陆缘增生、陆陆汇聚、构造转换、地壳伸展四大成矿系统，揭示了青藏高原区域成矿规律。

（4）研发了适合于青藏高原野外工作的成套技术组合。成功研制并推广应用了中高山景观区航磁、化探、遥感等快速扫面技术，遥感异常提取、成像光谱矿物填图、化探异常筛选等快速评价技术，成矿–控矿预测方法，基于 3S 技术的野外数字采集系统和 GIS 预测评价系统。

（5）实现了找矿重大突破。累计新增资源量：铜 3194 万吨、铅锌 1519 万吨、铁矿石 7 亿吨、金 569t、银 23015t、钼 176 万吨、钨 20 万吨，潜在经济价值 2.7 万亿元。

成果大幅增加了我国大宗矿产资源储量，初步改变了我国矿产资源勘查开发格局，极大提升了我国的国际学术地位，对西部大开发战略实施、民族地区社会稳定、经济跨越式发展具有重大意义。该成果获 2011 年度国家科学技术进步奖特等奖。

2.3.2 华北克拉通破坏与资源效应

克拉通是地球上最古老的大陆，传统理论认为克拉通是稳定的，但是华北克拉通却发生了大规模的火山活动和大地震，并形成了丰富的金属和油气矿产。克拉通失去稳定性的原因与机理是困扰地球科学家近百年的难题。针对这一难题，我国科学家通过地质、地球物理和地球化学综合研究，取得了突破性进展[8~10]（见图 2-5）。

主要创新点如下：

（1）发现岩石圈地幔组成和属性的改变是导致华北克拉通破坏的关键；克拉通破坏主要发生在东部，而西部仍保持克拉通的稳定性，中部地区部分被改造；确定华北克拉通破坏的峰期为早白垩世（1.25 亿年）。

（2）提出并论证了早白垩世西太平洋板块俯冲是导致华北克拉通破坏的一级外部因素和驱动力，俯冲板片在地幔过渡带的滞留脱水使上覆地幔发生熔融和非稳态流动，俯冲带后撤导致岩石圈强烈伸展，最终造成克拉通破坏；建立了克

（1）理论上从电磁波方程出发，定义了在全波区都是精确解的"广域视电阻率参数"，构建了整套理论体系。

（2）首次将"数字相干检波技术"应用到人工源频率域电磁法，解决了传统电磁法同频干扰压制效果差的技术难题，实现了强干扰条件下电磁信号的高信噪比测量，攻克了大功率同步发射与接收技术，突破了制约人工源电磁法大深度勘探、垂直分辨率及施工效率的技术瓶颈。发明了"广域电磁法仪器系统"，实现了每个测点信号的快速高精度测量。

（3）提出基于连续小波变换和 Hilbert 解析包络的信号复数域重构方法。发明了频谱周期电磁信号的降噪和有效信号的快速提取技术，实现了信号主频及其谐波有效信息的同时-快速挖掘。频谱密度比国际先进产品提高 5 ~ 10 倍，解决了电磁法勘探精度低的难题。该项技术的探测深度、分辨率和信号强度分别是世界先进方法——CSAMT 法的 5 倍、8 倍和 125 倍，实现了探得深、探得精、探得准，满足了"深地"战略需求。

该项技术在国内外 50 多家单位成功应用，在常规油气藏、页岩气、固体矿产、煤田水害等勘探领域取得丰硕成果。通过应用，提出联合电阻率和极化率参数的富有机质泥页岩评价方法，建立了页岩气关键参数-总有机碳含量（TOC）与电性参数的联系，发明了电磁法识别页岩气甜点区技术，解决了传统页岩气勘探评价参数少的难题，实现了页岩气的多参数-快速-高效-低成本勘探。"大深度高精度广域电磁勘探技术与装备"获 2018 年度国家技术发明奖一等奖。

2.3.5 全国危机矿山接替资源勘查理论创新与找矿重大突破

2004 年以来，我国开展了全国矿山资源潜力评价，实施危机矿山接替资源找矿勘查，总结大比例尺找矿预测理论和方法，取得了显著成效。

主要创新点：创建了勘查区找矿预测理论方法体系，填补了国内外深部找矿预测理论的空白，首次提出成矿地质体、成矿结构面、成矿作用特征标志概念，构建了我国 25 种找矿预测地质模型，研发了 4 项深部找矿关键技术，创建了适合矿区复杂条件下深部找矿的技术体系，突破了 2000m 深度找矿技术瓶颈，探获大中型矿床 125 个，实现了深部找矿历史性重大突破。该项目探获的资源储量，大幅提高了骨干矿山后备资源，平均延长矿山开采年限 17 年，使 219 座濒临破产的危机矿山起死回生，直接稳定矿山职工就业 60 余万人，拉动就业 132 万人，潜在经济价值 2.5 万亿元。理论方法体系在国家整装勘查区、矿集区、老矿山深部找矿中得到广泛应用，成效显著，全国新增大型、超大型矿床 358 个，极大地缓解了我国资源短缺的局面，有力促进了地方经济发展和社会和谐稳定。

该项目成果获 2017 年度国家科学技术进步奖二等奖，相关成果获省部级一等奖 7 项。

2.4 与世界先进水平的差距及存在的短板

2.4.1 成矿理论方面

总体来说，我国目前仍缺乏对深部地质构造等成矿背景和条件的系统认识和研究，系统的深部成矿理论体系尚未建立。由于深部矿具有不同于浅部矿的成矿条件、成矿规律、成矿模式，且地质研究程度低，对与矿有关信息的获得多是间接的，而且现有浅表找矿方法不适用于深部找矿，因此，深部勘查找矿对现有地质研究提出了新的挑战。尽管近年来我国学者依托"危机矿山接替资源勘查"和"深部探测技术与实验研究（SinoProbe）"专项的研究成果，提出了一些针对深部找矿的地质"概念理论"，但目前其预测理论与技术部分尚需进一步完善和提升。总体来说，至今尚未有针对深部矿产预测的较为成熟的地质理论和方法技术。此外，我国在成岩、成矿实验、成矿过程的数值模拟、成矿环境、成矿过程研究等方面与发达国家也存在一定差距。

2.4.2 找矿预测技术方面

与国外矿产资源预测技术和应用效果相比较，我国在区域矿产预测方面的成绩卓越，提出了不少具有实际地质找矿指导意义的理论方法，完成了全国范围的 25 个矿种的资源潜力评价。但用于矿床或矿体的定位预测技术薄弱，相关的预测成果不显著，服务于找矿一线的预测技术较为缺乏，找矿一线技术人员对矿床预测理论与技术掌握程度严重不足。亟需形成一套适用于勘查区矿床和矿体预测的理论与方法体系，并进行示范与推广，提高矿产勘查的成功率。

2.4.3 深部勘查技术方面

虽然我国已经攻克了一批核心技术，研发了一批仪器设备和方法技术。然而，我国大量关键设备依赖进口的现状并没有改变。一些深部勘查技术仍然不够成熟，与国际先进水平相比，在技术细节上还存在很大差距，见表 2-1。深部矿埋藏较深、矿化信息弱，因而无论是地球物理还是地球化学的探测技术，随着探测深度的增大，地质背景就越复杂，探测获得信息的准确性、可靠性就越低。另外，我国资源勘查向西部、北部大面积无人区和难进入地区转移，勘查效率也已成为制约资源勘查的核心瓶颈。因此，当下和未来我国的资源勘查实践对勘探技术水平和实用化程度提出了更高的要求。

表 2-1　深部矿产资源探测技术主要指标国内外对比

国外技术水平	国内技术水平
重磁系统已经实现多参数、高精度、智能化和商品化	高精度重力零漂与国外还有差距，钾、铯光泵处于研发/完善阶段。智能化自动化系统处于研发阶段
分布式大深度电磁系统已经成熟，探测深度接近2000m，超导技术已经广泛应用	分布式电磁系统尚未实现商品化，相关核心技术仍有差距，超导技术与国外差距较大
金属矿地震发展迅速，油气地震先进处理与解释技术转移到金属矿，应用效果很好	金属矿地震技术起步较早，但在具体实用性方面与国外有差距
大深度小口径测井和井中探测实现多参数、实时测量	大深度小口径测井在深度、参数组合、实时测量等方面存在差距
小口径钻探技术具备4000m能力，并实现智能化、自动化	小口径钻探技术自动化、智能化水平低于国外水平

在相当长的一段时间内，我国仍要大力提升深部勘查装备和技术体系的科技含量，研究深部矿产资源成矿规律和理论，发展较为精确且实用的矿床预测定位技术，这对于促进我国资源勘探产业发展，实现找矿突破，缓解经济社会发展的资源供需矛盾，保障矿产资源安全意义重大。

2.5　未来发展方向

未来矿产资源勘查，将向着大深度、高精准和快捷高效的方向发展。矿集区三维探测方兴未艾，从深部三维探测开始，拓展深部资源。通过成矿系统的深入研究，建立和完善深部找矿战略选区和综合勘查的准则[14]。

在基础理论研究方面，未来需进一步认识大陆形成及演化的地质过程，再造大陆挤压汇聚、伸展离散过程的深部动力学、块体相互作用方式、岩浆形成机理与演化过程，阐明金属逐级富集的深部控制要素，进一步建立完善大陆成矿理论框架。

在技术装备研发方面，应大力发展深部探测技术，提高探测深度和分辨能力[14]。集中力量突破超高精度机械式、MEMS加速度计加工制造技术与工艺、超导重力传感器、三轴惯性稳定平台等核心技术；研制多途径航空重力仪、重力梯度仪，以及配套的数据处理、改正、校正技术方法；尽快形成我国航空重力、重力梯度测量的技术和应用能力。需突破大功率电磁发射技术、高灵敏度接收相关的材料、设计和工艺技术，突破非接触式电场观测技术；研发固定翼、吊舱式主动源航空电磁勘探系统；被动源航空大地电磁探测系统。尽快形成具有实际勘查能力的电磁勘探系统。需突破地面高灵敏度重、磁、电及电磁传感器核心技术，研发地面大深度、三维电磁探测系统，以及相关的正反演方法技术，提升我国地面勘查技术的探测深度、精度和分辨能力。需突破井中重力传感器、大深度小口径多参数金属矿测井技术、井间-井中-井地三维全波形电、电磁探测技术与设备，形成地下综合探测技术体系。需发展和应用深穿透地球化学技术，建立地气流、活动态金属扩散模型和标尺，发展定量测量技术，开展千米深度地球化学垂直探测技术体系。需发展岩心钻探前沿技术，提升岩心钻探的智能化、自动化水平，提高钻探效率和处理复杂井矿能力。需发展深部成矿预测新技术，深化完善已有成矿预测技术，创新基于成矿模型和信息技术的人工智能成矿预测技术，形成适合我国成矿特点的深部成矿预测技术体系。

参 考 文 献

[1] Wang X Q, Zhang B M, Lin X, et al. Geochemical challenges of diverse regolith-covered terrains for mineral exploration in China [J]. Ore Geology Reviews, 2016, 73: 417-431.

[2] 董树文，张岳桥，赵越，等. 中国大陆中-新生代构造演化与动力学分析 [M]. 北京：科学出版社，2016.

[3] 毛景文，张作衡，裴荣富. 中国矿床模型概论 [M]. 北京：地质出版社，2012.

[4] 叶天竺，吕志成，庞振山，等. 勘查区找矿预测理论与方法 [M]. 北京：地质出版社，2014.

[5] 李文昌，潘桂棠，侯增谦，等. 西南"三江"多岛弧盆-碰撞造山成矿理论与勘查技术 [M]. 北京：地质出版社，2010.

[6] 侯增谦，郑远川，杨志明，等. 大陆碰撞成矿作用：I. 冈底斯新生代斑岩成矿系统 [J]. 矿床地质，2012，31 (4): 647-670.

[7] 北京奥地探测仪器有限公司. 移动式绝对重力仪和 ZSM-6 数字重力仪 [J]. 地质装备，2017 (5): 48.

[8] 朱日祥，陈凌，吴福元，等. 华北克拉通破坏的时间、范围与机制 [J]. 中国科学：地球科学，2011，41 (5): 583-592.

[9] 朱日祥，范宏瑞，李建威，等. 克拉通破坏型金矿床 [J]. 中国科学：地球科学，2015，45 (8): 1153-1168.

[10] 朱日祥."华北克拉通破坏"重大研究计划结题综述 [J]. 中国科学基金，2018，32 (3): 282-290.

[11] 孙友宏，赵研."地壳一号"万米大陆科学钻探钻机 [J]. 科技成果管理与研究，2016 (3): 45-48.

[12] 黄大年，郭子祺，底青云，等. 地球深部探测仪器装备技术原理及应用 [M]. 北京：科学出版社，2017.

[13] 何继善. 广域电磁测深法研究 [J]. 中南大学学报（自然科学版），2010，41 (3): 1065-1072.

[14] 吕庆田，吴明安，汤井田，等. 安徽庐枞矿集区三维探测与深部成矿预测 [M]. 北京：科学出版社，2017.

3 金属资源开发

3.1 国际科技发展状况与趋势

作为经济发展的基础产业，金属矿业在持续发展，近十几年来在采矿、选矿、冶金、环保等方面的技术发展迅速。与此同时，世界各国对"二次资源"利用日益重视，二次资源循环利用已成为保护矿产资源、维护生态平衡、实现良性循环经济的重要举措。

3.1.1 采矿

纵观世界金属资源开发，国外开采深度超千米的金属矿山有 100 余座，分布在南非、加拿大、印度和美国等国家，其绝大多数金矿的开采深度超过 2000m，如南非 Mponeng 金矿采深目前已超过 4000m，矿体埋深更是超过 7500m；加拿大 LaRonde 多金属矿开拓深度已达到 3008m，矿体延伸至 3700m[1]。国外矿山较为重视尾矿的绿色处置，目前采用膏体处置技术的矿山主要有加拿大 Williams 金矿、智利 El Toqui 矿、德国 Bad Grund 铅锌矿、坦桑尼亚 Bulyanhulu 金矿、瑞典 Garpenberg 矿、澳大利亚 Mount Isa 矿与 Cannington 矿、赞比亚谦比希铜矿[2]。加拿大、芬兰、美国等国先后开展了"智能化矿山"和"无人化矿山"的建设，如加拿大国际镍公司目前正在研究自动采矿技术，并拟于 2050 年在某矿山实现无人采矿；芬兰较早就开展了智能矿山技术计划，开展自动采矿技术研究，涉及采矿实时过程控制、资源实时管理、高速通信网络、新机械应用和自动采矿与设备遥控等 28 个专题[3]。

随着采矿新技术新装备及相关理论的发展，国际上金属资源开发的焦点主要集中于深部开采、绿色开采及智能开采。

3.1.1.1 深部开采

随着浅部矿产资源的日益枯竭，金属矿山进入深部开采已成必然趋势。进入深部开采环境的矿山，首先将面临高地应力问题，若不采取与高应力环境相适应的采矿技术与工艺，势必发生较大的工程灾害，也会严重影响矿山的规模化生产。其次，岩层温度随深度以 10~40℃/km 的速率增加，深井的高温环境条件严重影响工人的劳动生产率，而为有效降温，又必将大大增加采矿成本。再次，随开采深度的增加，矿石和各种物料的提升高度显著增加，从而大大增加提升成本，并对安全生产构成威胁。南非开展了一系列的深部开采研究及工程实践工作，旨在解决 3000~5000m 深度金矿安全、经济开采的关键问题，研究内容包括安全技术研究、地质构造研究、采场布置与采矿方法、降温与通风、采场支护、岩爆控制、超深竖井掘进、钢绳提升技术和无绳提升技术等。加拿大针对岩爆潜在区的支护体系和岩爆危险评估等进行了卓有成效的探讨，目前正在针对 2500m 采深涉及的问题进行研究，包含减少应力灾害、减少能耗、提升矿石运输与生产能力、改进工人安全性 4 个主要战略主题。澳大利亚针对深部矿山开采中遇到的挑战开展以下项目的研究：矿山支护系统优化、微震及岩爆风险管理平台研发、挤压大变形及防范措施、矿山充填及有效应力评估、深部高应力开采中吸能锚网的研发及应用。

3.1.1.2 绿色开采

尾矿作为金属矿开采过程中产生的最主要的固体废物，由于其堆存面积大、环境污染严重、安全隐患多等问题，已经成为建设绿色矿山亟待解决的主要问题之一。而随着国家政策的大力支持和尾矿处置技术的不断发展，尾矿膏体处置技术逐渐成为尾矿处置的主流技术，并已在国内外矿山大面积推广应用[4]。膏体技术在基础理论、工艺技术、专用设备以及新材料研发等方面发展前景广阔，特别是在深地开采、大流量制备和经济成本控制等重要课题下，膏体技术仍面临着温度高、应力大、钻孔深、系统可靠性要求高、智能调节与精准控制难以及直接成本高等一系列挑战。为实现深地膏体精准控制、均质制备、可靠输送、采场安全，亟须开展深地膏体充填成套理论及技术研究，为深地金属矿安全、高效、经济开采保驾护航。未来膏体技术的发展主要在以下几个方面：

（1）浓度自适应控制。浓度是影响膏体性能的重要指标，膏体浓度自适应控制是膏体技术的"纳米工程"。如何将在线监测系统与智能调节系统相结合实现浓度的智能感知与调节是膏体质量控制的关键。

（2）膏体精密制备。优良的膏体性能是膏体技术的核心，精密制备是实现膏体预定性能的前提。膏体制备首先需要改变粗放型集料控制方式，实现物料精密化管理；其次需要加强非对称精准控制理念，实现技术指标合理区间的非对称调节；同时提高设备的精准化控制能力，增强系统高效运行可靠性。

（3）采场个性化充填。根据矿山开采技术条件、经济评价指标和充填体预定功能实现个性化充填。个性化充填包含了三个层面的含义：充填工艺个性化、不同采场充填个性化和同一采场不同区段充填个性化。个性化充填是因地制宜、"对症下药"式灵活化解决方案。这也意味着未来膏体充填系统应具备"工业4.0"思维，根据井下"用户"需求，实现"智能生产"。

（4）系统 3D 模块化设计。通过三维设计软件对膏体系统进行三维模块化设计和模拟装配，实现充填系统虚拟再现，降低设计风险。充填系统的模块化与组合化设计可实现充填系统高效装配与运营。将充填系统网格化，既可实现单元的独立设计与装配，又可通过接口实现快速组合化，有利于提高系统运行效率和系统可靠性。

3.1.1.3 智能开采

金属矿开采具有条件复杂、生产体系庞大及采掘环境多变等特点，建设安全高效的智能矿山成为矿业发展新趋势。智能矿山就是以互联网和物联网为主要载体的现代矿山建设的总称，加强 VR 虚拟现实、实时矿山测量、GPS 实时导航和遥控、GIS 管理与辅助决策和 3DGM 的应用，是应对矿山开采当前问题的一种积极的解决方案。采矿工程是以矿产资源评估、矿床开采技术和现代经营管理为主线的综合性的工程学科。在推进智能采矿的过程中，矿山数字化是基础，它为矿山资源评价、开采设计、生产过程控制与调度自动化、生产安全和管理决策等提供新的技术平台，这需要多目标的科学技术创新；矿山数字化所涉及的领域非常广泛，需要包括数字、地质学、岩体力学、现代采矿学、信息与系统工程、机器人与自动控制理论、现代工程管理等多学科交叉，需要自动化、信息化、智能化等高技术的强力支撑以及相关工业部门的密切合作[5]。

3.1.2 选矿

近年来，国外金属资源开发的焦点主要集中于选矿基础研究、高效绿色选矿药剂、大型化高效节能设备、智能矿物加工、环境保护及二次资源利用等领域[6]。

3.1.2.1 选矿基础研究

开发了矿物学性质自动检测设备 MLA、QEMSCAN 等，开展了快速高效检测矿物物理化学特性研究；采用 SEM、XRD、电子探针、质谱、核磁共振等现代分析检测技术，从微观层次对矿物晶体特性、表面性质及矿物分选体系中界面作用过程和机理进行了研究；采用计算化学和大数据分析对药剂分子性能表征和结构设计，对药剂与矿物间作用机理微观模拟研究；以计算机仿真和模拟技术对选矿过程中矿物颗粒碎磨力场、分选力场分析，研究分选过程中矿物颗粒运动轨迹及力场分布。

3.1.2.2 选矿药剂

国外科研机构在高效绿色选矿药剂的研发和应用方面的成果较多。如硫化矿浮选药剂：三硫代 C12 碳酸盐（TTC）、异丁基黄药（SIBX）、$(RO)_2P(=S)-NHR$、硫代酰基酰替苯胺、N，N-二乙基氰乙基二硫代氨基甲酸盐、2-巯基苯并噻唑、6-乙基-2-巯基苯并噻唑、己基硫代乙胺、$RCSNR_1R_2$ 的硫代酰胺；氧化矿浮选药剂：酰胺酸类捕收剂 $RC(=O)NR(CH_2)I$-4-COOH、辛基羟肟酸钾盐、醚胺类 $R_1-O-R_{2}-NH_{2-m}-[(R_3)_n-H]_m$、多胺类 $R-N-[A-NH_2]_2$ 等。

3.1.2.3 大型化高效节能设备

矿山设备是矿物加工的核心之一，矿山设备的大型化、高效化、节能化和成套化对于提高生产效率、节能降耗至关重要，是未来矿物加工的趋势之一。近年来国外在选矿装备方面的研究主要呈现出大型化、高效化、节能化、成套化的特点，在碎磨、选别、固液分离等全流程都取得了较大进展，研制出多种冲击式矿石破碎设备、高效节能碎磨设备-高压辊磨机、自磨（半自磨）机、ISA 磨等超细磨设备，以及利用矿物发射射线或对外来射线的吸收方面的差异开发出的射线预选设备。同时，浮选设备继续向大型化、多样化、低能耗方向发展，近年来，俄罗斯研究人员通过创造兼容的水动力学条件来控制浮选机不同区域的浮选而设计出反应分选浮选机。

3.1.2.4 智能矿物加工

近年来，将选矿自动化技术与计算机信息管理技术相结合已成为国际研究热点。目前国际矿业巨头应用计算机网络，通过生产执行系统和过程控制系统的优化运行、系统集成得以实现在线优化生产、控制、分析、监测、调度和管理，使整个生产过程处于最佳状态，最大限度地提高各项技术经济指标，达到高效、高产、优质、节能降耗的目的。芬兰奥托昆普公司开发的磨矿先进控制软件 ACT，具有人机交互功能，将动力学仿真、数据建模、多变量统计监控多技术有机结合，实现磨矿与分级的状态监控与优化控制。基于机器视觉的浮选泡沫表面特征检测技术，"软传感器"在极端环境条件下矿用检测仪表的研发，选矿工艺、过程控制与设备的结合，综合生产指标优化控制系统的研究，建设数字化、智能化矿山现已成为国际智能矿物加工发展的趋势。

3.1.2.5 环境保护

随着环保意识的增强，高效、低毒、环保型选矿药剂的研发与制备技术、矿山固体废弃物综合回收利用新技术、环境污染治理以及选矿在资源循环领域的拓展应用正在成为选矿领域研究的重点。矿产资源开发过程中的尾矿综合利用、废水治理及循环回用是矿山可持续发展的根本；同时矿物加工作为一门分离学科将越来越广泛地应用于二次资源、城市矿产、水处理、粉尘治理等领域。日本、欧盟、美国等发达国家和地区自 20 世纪起就对电子废弃物、工业垃圾和城市生活垃圾等二次资源的利用开展研究。针对垃圾分类拣选、质量监测及回收产品测定，废弃印刷电路板破碎、有价元素回收及分离，从废弃汽车催化转换器中回收铂族金属，冶炼渣中回收有价元素，建筑垃圾中回收可循环骨料，锂电池的循环利用，从电子设备中回收稀有金属，生活垃圾中回收有价金属元素等开展了大量研究工作，形成了较为成熟的资源循环利用技术。

3.1.3 冶炼

欧美等西方工业发达国家原生矿的冶炼厂已经越来越少，取而代之的是二次资源循环利用的工厂，原有的冶炼厂转型或关停是最终的发展趋势。

例如在欧洲，铜冶炼厂只有比利时优美科和罗马尼亚铜冶炼厂，而且优美科以协同冶炼为主，采用 Ausmelt 熔池熔炼技术，除铜精矿外，可处理上百种各种固废和危险固废，如废催化剂、电子废弃物、废旧电池等。

在日本，冶炼企业已实现高度自动化和信息化。例如年产铜 40 万吨的住友公司，铜冶炼厂人数只有 300 人左右。

发展中国家比较典型的智利，其铜储量和产量居世界第一位，以引进西方国家闪速熔炼和熔池熔炼为主，并没有自己的炼铜方法。在湿法炼铜方面，则开发了世界上独特的海水浸出工艺，用于处理氧化铜矿和次生硫化铜矿。非洲等不发达国家，工业基础薄弱，不具备自主开发资源的能力，主要依赖国外的企业开发。

3.1.4 资源循环利用

废旧金属资源已成为国外发达国家金属生产的主要原料，美国铜、铝、铅、锌再生金属产量所占比例分别达到 43%、50%、80%、62%，德国分别达到 69.7%、46.38%、98%、78%，日本分别达到 52.34%、98%、99%、96%，而我国分别为 29.47%、23.08%、31%、5%。在循环利用领域，西方工业发达国家由于工业化进程时间长，因此再生利用起步比我国要早，已形成规范的回收、拆解和再生体系。近两年，随着我国对稀土金属的限制，日本、美国等国家开始研究从废旧金属中回收稀土，取得了一定进展。

目前，欧洲、美国等工业发达地区或国家已将再生资源确定为朝阳产业，将再生金属列入优先发展新重点，并在各自领域研发了一批先进工艺技术和装备，为循环经济发展提供了有利的科技支撑。在废铜再生利用方面，直接利用是废杂铜回收的趋势，发达国家采用 COS-MELT 倾动炉和 FRHC 火法精炼技术在火法精炼杂铜上实现了突破；在再生铝方面，欧美国家广泛采用双（多）室反射炉熔炼再生铝合金，实现废铝保质再生利用和低品位废杂铝升级利用；在废铅酸蓄电池处理方面，采用全自动分选预处理技术，实现了资源利用率的最大化。

3.2 我国金属资源开发科技创新的进展

金属资源是国民经济建设的重要物质基础，全国现有的 100 多个产业，90% 以上需要使用金属产品。我国金属资源开发利用技术方面近年来取得了长足进步，部分技术达到或超越了国际领先水平，为国家资源供应提供了技术保障。

3.2.1 采矿

采矿技术是保障采矿作业顺利进行的基本前提，近些年在深部开采、绿色开采、智能开采等方面取得了新进展。

（1）完善了深部金属矿开采理论体系，金属矿井深迈入千米时代。

几十年持续的大规模资源开采使得我国浅部矿产资源已趋于枯竭，我国未来矿产资源开发将全面进入第二深度空间（1000～2000m）范围内的深部矿床，金属矿深部开采将成为常态。我国"十三五"期间有 50 余座金属矿山将步入1000m 以深开采范畴，其中有近半在未来 10～20 年间开采深度将达到 1500m以深，如辽宁红透山铜矿达到 1300m，吉林夹皮沟金矿达到 1400m，河南灵宝釜鑫金矿达到 1600m。"十一五"期间，国家 973 计划项目"深部重大工程灾害孕育演化机制与动态调控理论"、国家自然科学基金重大项目"深部岩体力学基础研究与应用"等对深部采矿相关理论进行了持续深入的研究。"十三五"期间，国家重点研发计划"深地资源勘查开采"重点专项启动了"深部岩体力学与开采理论""深部金属矿建井与提升关键技术""深部矿产资源开采理论与技术"等研究项目[7]。上述科研攻关取得了一系列显著成果，推动了我国深部金属矿开采理论体系建设。

（2）金属矿尾矿膏体绿色处置技术实现大规模推广应用。

"十一五"以来，国家针对金属矿尾矿膏体绿色处置开展了多个科研攻关项目，在我国金属矿最深矿井之一的云南会泽铅锌矿建成了我国第一套以深锥浓密机为核心的长距离输送膏体充填系统，实现尾矿零排放，并首次将冶炼渣用于井下充填，既提高了充填体强度又减少了冶炼固体废弃物的排放，被评为国家级绿色示范矿山。2010 年，乌山铜钼矿建成了国内第一家膏体堆存系统，并实现了冬季冰下排放。在新疆伽师县铜辉矿业建成了新疆第一套膏体充填系统，实现了软破难采矿体膏体充填安全高效开采，2017 年被工信部评为第一批国家级绿色工厂。在阿希金矿建成全尾砂废石胶结充填系统，将矿山原采用废石胶结充填方法变更为全尾砂废石胶结充填，实现了地表露天坑和井下空区的回填处理，被中国环境科学学会评为环保科技创新示范项目[8]。近年来，国内使用膏体技术的矿山有 200 座左右，膏体技术在基础理论、工艺技术、专用设备等方面发展迅速。

（3）金属矿开采智能化水平得到显著提升。整体来看，我国矿山智能化建设起步较晚，"数字矿山""感知矿山""智能矿山""智慧矿山"等概念基本在2000 年左右才逐渐被提出和研究。随着国家的不断重视和扶持，国内部分大中型矿山企业数字化设计工具普及率、关键工艺流程数控化率均得到一定程度的提高，智能化水平也在不断提升。如首钢搭建了纵向四级（基础装备数字化、生产过程数字化、生产执行数字化、企业资源计划数字化）、横向四块（应用 GIS 地

节约并举，在建设绿色矿山方面迈出了坚实的步伐。在国家科技支撑计划的支持下，开展了一系列矿山固体废弃物的综合回收利用技术研究，涵盖尾矿矿物学特性的鉴定与评价、有价元素高效回收利用、可开发特性与规模化整体利用等；选矿药剂方面，成功开发出了一系列新型环保绿色特效药剂，例如高效阴离子常温铁矿浮选捕收剂成功应用于袁家村等大型铁矿选矿厂，利用硫化矿新型高效捕收剂合成技术发明了新型硫氨酯等高效铜捕收剂并在大型铜矿山应用；在选矿废水处理方面，开展了废水分质处理分级回用、水质水量平衡管理、源头节水选矿新药剂与工艺、低成本高选择性废水循环过程中的物理化学等系列研究，为优化金属矿分离废水高效率、靶向性、低成本、无二次污染的综合循环利用提供理论依据和技术支持。

3.2.3 冶炼

近年来，我国有色金属无论从产量还是从技术装备方面取得了显著进步，自2002年开始，十种主要有色金属产量已16年稳居世界第一位，2018年达到5688万吨[25]。我国有色金属冶炼经历了3个阶段的发展，从新中国成立到改革开放之前，通过学习借鉴苏联模式，初步建立了工业基础体系；20世纪80年代初至2007年开启了从国外引进技术装备的发展阶段，从2007年后，我国开始了自主研发的阶段，以底吹熔池熔炼和侧吹熔池熔炼为代表的先进技术装备已普遍推广应用于铜、铅、镍和固废的处理。

在铜冶炼方面，10万吨以下小规模铜冶炼厂，以及反射炉、鼓风炉等落后装备已经全部被淘汰，取而代之的是先进的闪速熔炼、熔池熔炼，技术经济指标和环保排放指标已达到国际先进水平，吨粗铜能耗降低至230kg标准煤以下，其中双侧吹熔池熔炼渣含铜可降至0.45%以下，无须通过渣选矿，铜回收率即可达到98%。

在铝冶炼方面，600kV·A大型铝电解槽、新型异极铝电解装置、铝电解过程槽面优化控制系统的推广应用，使得电解铝的电耗降至12500kW·h以下[26]。

在铅冶炼方面，铅冶炼烧结锅和烧结-鼓风炉工艺已被淘汰，取而代之的是底吹炼铅工艺，特别是近几年开发的液态高铅渣直接还原技术、铅闪速熔炼技术和三连炉炼铅技术的应用，使得我国铅冶炼能耗和冶炼水平达到了国际先进水平[27]。针对云南铅锌多金属资源，开展了铅锌侧吹熔池熔炼技术、镉清洁提取、氧化铅锌选冶联合处理技术的研究，形成了铅锌矿的侧吹熔池熔炼、氧化铅锌矿选冶联合等先进技术，在云南会泽建成了我国第一座10万吨三联炉炼铅企业，通过顶吹—侧吹—烟化炉之后，渣含铅可降至0.8%~1.5%，经济技术指标达到国际先进水平。

在锌冶炼方面，锌冶炼以传统的沸腾焙烧—中浸—净化—电积工艺为主，锌精矿 150m² 沸腾焙烧炉大型化、自主研发的加压浸出技术和自动剥锌装备的国产化标志着我国锌冶炼进入自主创新的阶段。开发了先进的侧吹熔池熔炼和富氧回转窑还原工艺,研制了我国首台套自动剥锌机组,并得到应用,通过设计预开口装置,使得剥锌成功率由原来的 85%～90% 提高到 98%,性能指标明显优于国外同类产品。在锌精矿加压浸出和冶炼过程综合利用方面取得明显进展,自主开发的锌精矿加压浸出技术已在西部矿业、四川会理、云南驰宏等企业得到推广应用。镓锗铟稀散金属回收利用技术、锌冶炼净液系列技术和大型熔铸装备等均在锌冶炼厂得到推广应用。氧化锌矿选冶联合工艺和氧化锌矿浸出—萃取—电积工艺得到产业化应用。

在镍冶炼方面,硫化镍矿鼓风炉熔炼工艺已淘汰,规模以上镍冶炼企业已采用闪速熔炼、侧吹熔池熔炼和 Ausmelt 顶吹熔池熔炼技术,加压硫酸选择性浸出已得到推广应用,镍红土矿烧结-鼓风炉炼含镍生铁工艺已被 RKEF 工艺所取代,开发的红土镍矿常压浸出、逆向浸出等工艺处于世界领先水平。硫化镍精矿加压浸出技术得到推广应用,镍浸出率可达到 99.5% 以上,开发的红土镍矿 RKEF 工艺在中色集团缅甸达贡山项目上得到工业化应用[28]。

在钨钼等稀有金属冶炼方面,随着优质资源的不断开发利用和逐渐消耗,目前钨、钼、钒、锂这些战略性稀有金属资源大多以复杂共伴生形式赋存,且品位低、分离提取难度大、综合利用率低[10]。如白钨矿中 80% 以上地质品位小于 0.4%,且有用矿物因嵌布粒度细、选别率低,属典型的难选矿物。提高入冶钨精矿品位,则选冶回收率急剧降低;而降低入冶品位,采用现有主流的碱法工艺又难以处理,造成冶炼主金属回收率低、伴生金属几乎没有回收,成本高,选冶难以兼顾的矛盾非常突出。近年来研发了选冶联合工艺,应用于湖南柿竹园多金属矿,取得了良好的效果,钨钼等有价金属回收率提高 10% 以上,通过降低钨钼精矿品位实现选矿回收率的提高,后面开发新型湿法冶炼体系,保证了钨钼的综合回收率。

我国在稀土湿法冶炼分离领域的工艺技术优势明显[29]。在稀土火法冶炼领域,超高纯稀土金属制备技术取得重大突破,成功获得 10 多种 4N 级稀土金属,装备水平也得到了较大提升,正迅速赶超国外水平,有待于进一步开发高效、低成本规模制备技术和专用提纯装备。积极推进熔盐电解自动化和智能化升级与改造,目前已经能够实现自动加料、数据在线采集、机械出金属等,极大地改善了操作环境,降低了生产能耗,提高了产品质量,但是距离完全自动化和智能化的要求还有很大差距。

3.2.4 资源循环利用

开展资源循环利用是我国有色金属工业"开源节流"的必然选择。巨大的废旧物资带来了严重的环境负荷，同时蕴含许多宝贵的可供利用的资源，成为解决我国资源短缺的重要选项。我国有色金属循环利用起步较晚，再生金属所占比例远低于欧美发达国家，技术装备与国外相比也具有明显差距。

我国有色金属循环利用产业仍处于小、散、乱的局面，行业规范和技术体系尚未建立。以铜为例，国外普遍采用先进的西班牙-意大利联合开发的 FRHC 工艺，可将含铜 92% 以上的紫杂铜直接制杆短流程实现材料再生[30]，多采用卡尔多炉、Ausmelt 熔池熔炼处理中低品位废杂铜，而我国仍然以鼓风炉和竖炉为主来处理废杂铜，产出含铜 85% 左右的黑铜进行电解生产 2#电解铜，只能用于低等级的电线电缆制造。在铝的循环利用方面，国外已实现易拉罐、铝合金等的保质利用和梯次利用，国内通常采用熔炼炉全部融化后再次生产金属铝，尚无法实现直接保质利用，生产成本和二次污染较高。处理含稀贵金属二次物料，如电子废弃物、废催化剂、废旧电池等，国外以优美科、Aurabius 为代表的协同处置技术成为未来主要的发展方向，将多源固废和物料配料后送入熔池熔炼进行冶炼，稀贵金属捕收率高达 95%～98%。我国目前仍然以分类处理，采用湿法浸出或鼓风炉、竖炉等火法进行处理，少数企业已开始尝试采用先进的熔池熔炼技术搭配处理多源固废。

3.3 重大标志性成果

"十二五"以来，我国金属资源开发利用的技术突飞猛进，取得了一系列的标志性成果，引领行业转型升级和高质量发展。

3.3.1 地下金属矿智能开采技术

针对我国矿产资源因不断消耗，开采模式逐步由浅层开采转向地下深部开采，工作环境危险恶劣、生产要素调度管理复杂等突出问题，瞄准我国地下矿山采矿生产中的凿岩—装药—铲装—运输这一主体作业流程，研制了"智能中深孔全液压凿岩台车""地下高气压智能潜孔钻机""地下智能铲运机""地下智能矿用汽车""地下智能装药车"五大智能化无轨装备，这些装备均可在调度与控制系统的指挥下实现全无人作业和自主行走，且具备凿岩台车高精度定位作业、潜孔钻机智能接卸杆和防卡杆、铲运机自动换挡与无人驾驶、铲运机高精度自动称重、铲运机定点卸载、矿用汽车混合动力驱动与智能行驶、炸药车自主寻孔与智能耦合装药等功能，实现"作业智能"。同时，研究开发了泛在信息采集系统、井下无线通信系统、地下金属矿开采智能调度与控制系统、设备精确定位与智能导航系统、智能采矿爆破控制系统五大智能化支撑平台，重点攻克了泛在信息采集传输控制协议、多层次复合网络传输架构、高实时性移动宽带通信、恶劣环境下网络快速组建与高可靠传输、可视化调度与控制理论、多地质体的工程建模与更新、地下移动设备高精度定位导航、导航路径规划与跟踪控制等关键技术，为五大无轨装备的自动化、智能化和无人化开采作业提供技术支撑[31]。

截至 2018 年年底，该技术共申请国家发明专利 43 项（已授权 13 项），登记软件著作权 21 项，发表论文论著 280 余篇（部），形成了地下金属矿智能开采技术创新团队。该技术在凡口铅锌矿、山东黄金焦家金矿进行了现场工业验证，达到预期目标，具有良好的推广应用价值。目前，项目中的地下金属矿智能装药车、三维激光扫描仪、泛在信息采集系统等成果已在国内矿山企业推广应用，创造产值 1600 多万元，带来了良好的社会经济效益，促进了我国采矿技术向智能化方向发展，增强了我国采矿行业的核心竞争能力。图 3-1 所示为地表远程控制操作系统，图 3-2 所示为智能化无轨装备[32,33]。

图 3-1　地表远程控制操作系统

3.3.2　难选有色金属资源精细选矿及超大型浮选装备取得突破

以我国湖南柿竹园为代表的共伴生金属矿一直是科技攻关的重点，这类资源的矿物种类繁多、原矿品位低，且白钨矿常与表面性质相近的含钙脉石致密共生，因而其有效分选被公认为世界性选矿难题。经过十多年的理论研究及科技攻关，取得"复杂难处理钨矿高效分离关键技术"的重大突破，形成了强磁分流—黑白钨分开浮选新工艺、系列新型高效钨捕收剂研发及工程化应用、捕收剂预吸附多碱协同作用直接精选技术、钨细泥预分离—浮重新工艺、类质同象富钼变种白钨矿选矿新技术等创新，在 20 多个钨选厂生产应用，技术指标显著提高，回收率平均超过 70%。该技术使大量难选钨矿得以利用，从而扩大了可利用钨资源储量，创造了巨大的经济社会效益。该技术获得 2014 年国家科技进步奖二等奖。

图 3-2 智能化无轨装备

（a）智能凿岩台车；（b）智能铲运机；（c）智能装药车；

（d）智能潜孔钻机；（e）智能矿用汽车

浮选装备大型化是发展的主要趋势，近 10 年，我国开发出了 $160m^3$、$200m^3$ 和 $320m^3$ 系列大型浮选机，在全球 20 多个重要矿业国家推广应用 600 多台套，使我国成为继美国、芬兰之后能够提供大型浮选机的三个国家之一，填补了日处理量 10 万吨的超大型设备的空白。"浮选机大型化关键技术研究及工业化应用"于 2012 年获国家科技进步奖二等奖。目前我国已开发出世界上最大容积的 $680m^3$ 超大型浮选机，将进一步提升我国浮选装备强国的地位。同时，浮选柱作为机械搅拌式浮选设备的有益补充，我国研究者将气、液、固三相流场与浮选动力学相贯通，提出的泡沫相静态分选、逆流矿化、管流矿化、流态化矿化理论，促进了技术的快速发展，满足了非金属、有色、黑色和肥料行业等多种矿物柱式分选的需求[34]。

3.3.3 有色金属强化冶金技术取得重大突破

针对复杂难处理金属矿产资源，开发形成了复杂难处理资源可控加压浸出技术，开发了 6 项核心技术，4 项达到国际领先水平，包括复杂铜锌混合精矿低温低压浸出技术、中低品位钼精矿加压浸出技术、红土镍矿逆向浸出技术和硫化砷加压浸出技术等，使得我国在该领域占据国际领先地位。该技术已成功应用于铜、锌、镍、钼、砷等行业，在江铜集团、中铝秘鲁大型铜钼矿、菲律宾红土镍矿和金川公司等企业得到推广应用，获得良好的经济效益和环境效益。该技术以"最小化学反应量原理"[35]为指导，开发以加压浸出为核心的新技术新工艺，并在未来向有色金属行业推广应用，特别适合于我国西部地区生态环境好，硫酸无销路的地区建厂。该技术在 2015 年获得国家技术发明二等奖。

在铅冶炼方面。2005 年开发出液态铅渣侧吹还原技术，2009 年第一套液态铅渣侧吹还原装置投入工业化应用，2009 年开发出液态铅渣底吹还原技术，2011 年第一套液态铅渣底吹还原装置投入工业应用，形成了"底吹熔炼-熔融还原-富氧挥发"三连炉连续炼铅新技术。底吹熔炼炉-熔融还原炉-富氧挥发炉三炉之间有机连接，突破了连续炼铅上述三个过程和三个设备之间物质流和能量流相互匹配的技术瓶颈，从而实现了清洁、高效、连续生产，有效解决了炼铅过程不连续所导致的环境、能耗和安全问题。铅总回收率大于 98.5%，粗铅综合能耗降至每吨 180 千克标煤以下。该技术在环保、生产成本、有价金属回收率等方面具有明显优势，获得 2016 年国家科技进步奖二等奖。

在难冶钨矿方面。针对我国占钨资源量 78% 的高钼、高杂质难处理白钨矿资源的利用和深加工的难题，突破了国内外长期认为白钨矿不能碱分解的理论禁锢，发明了白钨矿氢氧化钠分解、高浓度离子交换、共生钨钼分离及短流程深度除杂、自主调控硬质合金组织结构等从资源利用到高端产品生产的整套关键技术。该技术的研发成功，确保了我国钨资源使用年限由原来的不足 5 年延长到 25 年以上，解决了我国航空航天等重大工程的亟需。该技术共申请国家发明专利 21 项，取得了良好的经济、环境和社会效益，获得 2011 年国家科技进步奖一等奖。

在稀土分离方面。成功开发出非皂化萃取分离稀土新工艺，形成了酸性磷类萃取剂协同萃取技术、萃取过程酸平衡技术、稀土浓度梯度调控技术等一系列非皂化萃取分离稀土关键技术，解决了非皂化萃取过程有机相稀土负载量低、分离能力下降等难题，突破了氨水或液碱皂化有机相萃取分离稀土的传统方式，从源头消除氨氮废水或高盐废水的产生，大幅度降低生产和环保成本，回收率达到 98.5%~99%，纯度达到 99.99%，有机相稀土负载量达到 0.17mol/L。在 7 家企业成功实施，其稀土年分离量占全国 25%~30%，新增销售收入 75.17 亿元，新增利润 11.19 亿元，新增税收 4.69 亿元，节约材料成本 1.13 亿元，减排氨氮或钠盐废水 407 万吨，获得了显著的经济社会效益，获得 2012 年度国家技术发明奖二等奖。

3.3.4 难处理铁矿选冶技术取得显著进步

我国储存有超过 60 亿吨低品位铁矿、微细粒红磁混合铁矿、高磷鲕状赤铁矿等难处理资源长期得不到综合利用，为缓解国内铁矿石资源紧缺的局面，进行了长达 10 余年的技术攻关，取得了显著进步。

（1）在选矿方面，自主开发了矿石利用界定标准体系、多因素多目标采场配矿数学模型、半自磨-球磨-再磨高效短流程、耐泥耐低温高选择性新型铁矿捕收剂、浓缩-溢流澄清-深度净化三级水处理等一系列选矿生产工艺技术，并通过装备高效集成创新，解决了微细粒磨矿、分级、选别、浓缩等大量工业应用难题。应用该技术建成了亚洲规模最大的 2200 万吨/年红磁混合铁矿特大型选矿厂（见图 3-3），技术应用 3 年来，精矿产量累计达 2468 万吨，新增利润 14.75 亿元，经济效益巨大。该成果总体技术达到国际领先水平，是微细粒铁矿石选矿技术的重大突破，并于 2017 年获得国家科技进步奖二等奖。

图 3-3 红磁混合铁矿特大型选矿厂

（2）提出"铁精矿质量铁、硅、铝三元素综合评价"理论体系，为国产铁精矿实施提铁降硅（杂）战略提供了理论指导，在全国掀起了"提铁降硅"的热潮。鞍钢率先实施"提铁降硅"战略并取得一系列技术创新成果，继而太钢、武钢、酒钢、本钢等钢铁企业纷纷开展"提铁降硅"，带动国内几乎所有铁矿山相继实施"提铁降硅（杂）"战略，针对不同地区、不同类型铁矿石开展研究。

经过几年的研究与实践，国内铁矿石选矿技术取得重大突破，国产铁精矿质量达到或超过进口铁矿石质量，2011 年国产铁精矿达到 4.37 亿吨，大幅度减少了对进口铁矿石的依赖，为铁矿山持续发展提供了坚实的保障。该成果获得 2011 年国家科技进步奖二等奖。图 3-4 所示为铁矿石选矿厂。

图 3-4　铁矿石选矿厂

（3）在难处理铁矿冶炼方面，从"十一五"国家科技支撑计划项目"褐铁矿、菱铁矿高效选矿技术研究"、973 计划项目"低品位复杂铁矿流态化选择性分离原理与调控机制"到"十二五"国家科技支撑计划项目"难选铁矿高效选冶技术和装备研发及示范"，历经十多年连续不断地研究攻关，针对难选细粒级菱铁矿、褐铁矿和超细粒赤铁矿，开发出闪速（流态化）磁化焙烧成套技术与装备，将流态化技术创新性地应用于弱磁性铁矿石的磁化焙烧，铁矿石的运动状态由传统的堆积态转变为悬浮态，提高了反应速度，实现了弱磁性铁矿物快速、均匀地磁性转化；新研制了循环预热、尾气二次燃烧的流态化磁化焙烧装备。该技术同时集成创新了多种综合节能和环保技术，在产业化工程中，实现了无废水排放和尾矿综合利用，全过程满足了清洁生产要求。2016 年首次在黄梅铁矿建成 60 万吨/年闪速磁化焙烧产业化工程（见图 3-5）并稳定运行，产出的铁精矿具有自熔性，与鞍本地区 66% 铁精矿质量相当。该项成果"具有突出的原始创新性，技术指标高、生产成本低，为国内外首创，整体技术达到国际领先水平"，于 2017 年获得中国钢铁工业协会科技进步奖一等奖。

图 3-5　闪速磁化焙烧产业化工程

3.4 与世界先进水平的差距及存在的短板

在金属矿产资源开发领域，我国的基础理论研究、前沿技术和原创性技术整体落后于世界发达国家，采用的理论体系和基础数据基本都是来自苏联和西方发达国家，尚未建立自主的采选冶理论体系。

3.4.1 采矿

国外金属矿山最大采矿深度已达 4000m，我国深井开采技术与国际先进水平差距较大，尚不能满足 1500m 开采的需求。国外深井采矿方法及工艺发展迅速，具有较完善的深井开采理论、技术体系及灾害控制技术。在装备方面，国外矿山基本实现了设备大型化、无轨化，有些矿山已实现自动化和遥控作业。我国深井开采深度，深部开采理论、技术、装备等方面与国外存在很大差距。国外已使用全盘遥控的无轨采矿设备，许多现代矿山的铲运机、凿岩机和破碎与提升系统已逐步实现自动化作业。国外还开发了多种智能矿山的技术与装备系统，逐步向矿山生产管理网络化、信息传输无线化、数据采集实时化、生产调度集成化、生产装备遥控化、生产运行智能化发展。近年来，智能矿山系统已在我国部分矿山初步推广，但与国外相比还有很大差距。

3.4.2 选矿

在选矿方面我国总体上处于"工艺技术领跑、装备自动化并跑、基础研究跟跑"的地位。

（1）基础研究方面。我国与世界矿物加工强国的研究重点有区别，国外更多进行微观基础研究，而我国一般针对具体矿种进行应用基础研究，与资源开发实践联系相对紧密，对微观层面研究较少。

（2）选矿工艺技术方面。由于海外主要矿产国矿石品质较高，多年的开发已形成成熟技术，选矿工艺研究近年已非国外研究热点。我国由于矿产资源特有的"贫细杂"特点，必须针对具体难处理矿开发有针对性的技术，倒逼我国提高开发利用技术水平。目前我国选矿工艺总体已达到了世界先进水平，但对于操作的精细化、自动控制水平，以及节能减排与清洁生产方面，与国外仍存在较大差距。

（3）选矿药剂方面。近年来，美国、加拿大、南非等发达国家在浮选药剂研究和生产领域，无论药剂研发基础理论还是产品应用都处于领先地位，这些国家在重视药剂性能和效果的同时，还注重考虑其对环境的影响，以低毒或无毒、高效新药剂的应用来减少对环境的污染。国外研制了多种选矿专属药剂并得到应用，如高效选择性硫化矿捕收剂、适于氧化矿浮选的改性脂肪酸类捕收剂。这些药剂的应用大大降低了药剂用量和环境污染。国内浮选药剂现在常用的研究模式就是根据国外浮选药剂的应用情况进行改进、优化，原创性不足。

（4）选矿装备方面。虽然我国目前大型浮选机和磁选机等矿物加工装备的研制和应用已达国际领先水平，但与国外先进水平相比，总体上仍然存在明显差距：1）仿制的多，自主研发的设备少；2）可靠性偏低；3）设备整机性能差；4）规格小。特别是大型破碎设备、大型超细磨设备，国内骨干选矿厂中细碎用的圆锥破碎机大多选用国外设备。

（5）选矿自动化方面。随着改革开放及全球经济一体化的不断深入，我国选矿自动化水平得到了快速提高，也取得了非凡的成绩，但与发达国家先进自动化水平相比还相差甚远。其主要表现在：检测分析技术落后、控制理论和控制方法落后、数学建模能力及仿真工作落后、智能优化控制软件开发能力落后等。

（6）资源综合利用方面。虽然我国极为重视白云鄂博矿、攀枝花钒钛磁铁矿、柿竹园多金属矿等复杂共伴生矿的综合利用，但资源综合利用率一直不高。如白云鄂博矿中铁矿物得到回收利用，但稀土只有少量的回收，而铌、钍、钪、萤石等有价元素基本没有利用。此外，我国在尾矿资源化综合利用方面也起步较晚，如铁尾矿利用率每年不到10%，其大量堆存对生态环境和生产安全具有潜在威胁。国外发达国家对环境保护要求更为严格，对尾矿库的复垦工作十分重视，如德国、俄罗斯、美国、加拿大、澳大利亚等国家的矿山土地复垦率都已达80%以上，我国与发达国家相比，差距很大。

3.4.3 冶炼

冶炼从规模、技术装备整体处于国际领先地位，大型熔炼技术装备如闪速熔炼仍整体落后于西方发达国家，需要进口或支付技术使用许可费，熔池熔炼技术以我国自主研发的底吹熔池熔炼和侧吹熔池熔炼为代表，已从依赖进口发展到并跑，现在已初步形成了领跑的优势。在湿法冶金领域我国部分技术如钨钼分离提取、稀土分离、加压浸出、萃取等已处于并跑甚至领跑的地位。

在二次资源循环利用领域，无论从再生比例、技术装备还是政策法规与标准，都整体落后于西方发达国家。在源头减量、过程控制、危废处置、多源固废协同处置等方面从顶层设计到工厂实践都与国外有一定差距，处于跟跑阶段。

3.5 未来发展方向

金属矿开采的主要发展方向包括深部开采、绿色开采和智能开采[36]。几十年持续的资源大规模开采使浅部金属资源日益枯竭，金属资源开发走向深部已成必然。未来10年内，我国将有1/3以上金属矿山开采深度达到或超过1000m。针对深部开采高应力、高井深和高地温的矿岩环境，构建深地资源安全高效开采发展框架。矿区环境保护与生态修复应由过去的"先破坏、后修复"的被动模式，转变为贯穿于矿区开发全过程的动态的、超前的主动发展模式。为此，传统的矿山设计应该转变为矿区资源绿色开发设计，使矿山在生产、流通和消费过程中，能更好地推行减量化、资源化和再利用。以数字化、智能化、自动化采矿装备为核心，以高速、大容量、双向综合数字通信网络为载体，以智能设计与生产管理软件系统为平台，通过对矿山生产对象和过程进行实时、动态、智能化监测与控制，实现矿山开采的安全、高效和经济效益最大化。

我国选矿技术发展的总体方向是高效低耗综合利用、节能减排环境友好。面向复杂难选资源，发展特色选矿工艺，力求高效高质；以高效节能降耗为原则，生产规模与装备大型化、控制自动化、管理信息化；强化综合利用与资源循环，发展共伴生组分与尾矿资源的综合利用技术。

在选矿基础理论方面，重点发展方向包括：有价元素和杂质元素的赋存状态、基于基因排序与数据库的选矿方法优化、复杂难选矿预处理及其对物质分离影响规律、分选过程的化学物理响应和界面调控规律、基于微细尺度的分选过程的强化研究、基于量子化学和分子识别的绿色高效选矿药剂设计理论、基于数值模拟与仿真的选矿工程技术的基础性科学问题等。

在选矿工艺技术方面，重点发展方向包括：多种选矿方法的联合应用、预富集和预抛废技术、复杂低品位难选资源的选冶深度融合技术、共伴生稀贵金属的精细化选矿分离关键技术等。

在选矿药剂方面，开发绿色、高效、环保药剂是未来发展方向。随着计算机技术的快速发展，借助大数据筛选药剂，进行分子结构设计、药剂性能表征、作用机理微观结构模拟等计算机辅助分子设计（CAMD）以及绿色合成技术已成为目前国际研究重要内容。

在选矿装备方面，未来发展方向为选矿装备的大型化、节能化、系列化和自动化。在吸收引进国外先进技术的同时，结合我国矿石特点，开发大型高效的超细碎、细磨分级、重选以及产品浓缩、过滤、输送技术及装备。

在选矿自动化方面，未来发展方向为智能优化控制软件的开发、智慧选厂和数字化矿山建设。目前基于 DCS、FCS 等计算机控制系统在大型选矿厂中也已普遍采用，基于专家系统、模糊控制理论的先进控制策略也开始进入实用阶段，计算机集成制造系统（CIMS）是选矿自动化的重要研究方向。

在资源综合利用方面，加强白云鄂博矿、攀枝花钒钛磁铁矿、柿竹园多金属矿等典型复杂共伴生矿的高效、低成本、少污染提取技术集成与创新，形成资源综合利用的优化技术及先进、完备的矿山清洁生产技术系统是我国矿产资源综合利用技术发展方向；针对废石及尾矿等二次资源，应从矿山资源特点和需求出发，以资源化、无害化为原则，以开发高附加值、多功能新材料作为技术攻关核心，以大量利用尾矿的技术为主攻方向。

在冶炼方面，未来主要的发展趋势和方向包括：

（1）源头清洁冶炼技术。从源头开发新技术，包括对现有冶炼厂升级改造和工艺优化，减少污染物产出量，实现清洁生产。我国部分冶炼厂服务年限已经达到20多年，虽然建设初期是采用的较为先进的熔池熔炼技术，但由于设备老旧，仍需采用清洁低耗的先进替代技术。以铜冶炼为例，国内已自主研发出双侧吹熔池熔炼技术，可替代服务年限较长的 Ausmelt、ISA 或白银炉等。

（2）接替性资源低成本开发利用技术。我国储藏有大量的难利用低品位复杂铁资源，目前尚缺乏经济有效的处理工艺。发电厂产出大量的粉煤灰，以及世界上占镍资源72%的氧化镍矿，将逐步取代传统的铝土矿和硫化镍矿，成为资源开发利用的主流。因此，应及早布局接替性资源开发的基础研究和应用技术研究。

（3）共伴生资源高效利用技术。我国攀枝花等地区的钒钛磁铁矿、包头稀土矿、湖南柿竹园多金属矿等复杂共伴生资源的高效利用尚未解决，仍然是未来攻关的重点。

（4）冶炼过程共伴生有价金属综合回收技术。对于冶炼厂来说，主金属利润空间较小，精细化回收从某种程度上决定了企业的竞争力，因此，应加强冶炼过程共伴生元素的综合回收技术开发和工程化。

（5）高效冶炼关键设备研制。我国在设备研制方面明显落后于国外，这也是开发的先进技术工程转化率低的主要原因之一，应加大冶炼装备的自主研发水平，逐步培育一批具有国际视野和水平的学术带头人。

（6）稀贵金属基础材料开发。基础材料是制备高端结构和功能材料的关键，目前我国在该领域明显落后于国外，使得航空航天、大飞机项目、航母等重大工程核心零部件部分对国外依赖程度高，应尽快组织开展稀贵金属基础材料的开发。

金属资源循环利用领域未来发展趋势包括：

（1）先进熔池熔炼技术向循环再生领域推广应用。根据西方发达国家发展历程来看，采用高效的熔池熔炼是循环再生未来重要的发展方向，可提高企业处理规模，显著减少二次污染。

（2）原生矿冶炼厂与二次资源协同处置技术。随着废旧金属循环再生比例增加，现有冶炼厂产能将越来越过剩，倒逼已有冶炼厂采用多种原料协同冶炼，或转型升级为循环利用企业。

（3）二次资源与固废协同处置技术。固废与二次资源具有相同的特点，就是成分复杂多变、原料来源广泛分散、物料来源和数量不稳定等，必须多源物料协同处置，才能满足企业连续稳定生产。因此，二次资源与固废协同处置技术是该领域未来发展趋势。

参 考 文 献

[1] 李夕兵，周健，王少锋，等．深部固体资源开采评述与探索［J］．中国有色金属学报，2017，27（6）：1236-1262．

[2] 吴爱祥，王勇，王洪江．膏体充填技术现状及趋势［J］．金属矿山，2016（7）：1-9．

[3] 方原柏．金属矿山智能采矿技术的发展［J］．自动化博览，2018，35（11）：61-65．

[4] 余南中．绿色开采与膏体充填［J］．有色金属设计，2016，43（1）：1-5．

[5] 古德生，周科平．现代金属矿业的发展主题［J］．金属矿山，2012（7）：1-8．

[6] 中国有色金属学会．2016—2017矿物加工工程学科发展报告［M］．北京：中国科学技术出版社，2018．

[7] 谢和平．"深部岩体力学与开采理论"研究构想与预期成果展望［J］．工程科学与技术，2017，49（2）：1-16．

[8] 刘晓慧．尾矿膏体处置将成金属矿绿色开采主趋势［N］．中国矿业报，2018-06-20（003）．

[9] 孙传尧，周俊武，贾木欣，等．基因矿物加工工程研究［J］．有色金属（选矿部分），2018（1）：1-7．

[10] Gao Zhiyong, Li Chengwei, Sun Wei, et al. Anisotropic surface properties of calcite: A consideration of surface broken bonds［J］. Colloids and Surfaces A: Physicochemical and Engineering Aspects, 2017, 520: 53-61.

[11] Gao Zhiyong, Sun Wei, Hu Yuehua. Mineral cleavage nature and surface energy: Anisotropic surface broken bonds consideration［J］. Transactions of Nonferrous Metals Society of China, 2014, 24（9）: 2930-2937.

[12] 高跃升，高志勇，孙伟．萤石表面性质各向异性研究及进展［J］．中国有色金属学报，2016，26（2）：415-422．

[13] 邓久帅．黄铜矿流体包裹体组分释放及其与弛豫表面的相互作用［D］．昆明：昆明理工大学，2013．

[14] 孙伟，王若林，胡岳华，等．矿物浮选过程中铅离子的活化作用及新理论［J］．有色金属（选矿部分），2018（2）：91-98．

[15] 冯志力．菱铁矿热解动力学及其多级循环流态化磁化焙烧的数值模拟和试验研究［D］．武汉：华中科技大学，2011．

[16] 李国峰．高磷鲕状赤铁矿深度还原过程动力学研究［D］．沈阳：东北大学，2013．

[17] 赵庆杰，魏国，沈峰满．直接还原技术进展及其在中国的发展［J］．鞍钢技术，2014（4）：1-7．

[18] 朱庆山，李洪钟．难选铁矿流态化磁化焙烧研究进展与发展前景［J］．化工学报，2014，65（7）：2437-2742．

[19] Hu Yuehua, Chen Pan, Sun Wei. Study on quantitative structure-activity relationship（QSAR）of quaternary ammonium salt collectors for bauxite reverse flotation［J］. Mineral Engineering, 2012（26）: 24-33.

[20] Fan Y, Wei S, Hu Y. QSAR analysis of selectivity in flotation of chalcopyrite from pyrite for

xanthate derivatives：Xanthogen formates and thionocarbamates［J］. Minerals Engineering, 2012, 39（12）：140-148.

［21］沈政昌, 陈东, 杨丽君, 等. 320m³ 充气机械搅拌式浮选机内气液两相流的数值模拟［J］. 有色设备, 2010, 6：14-17.

［22］翟爱峰, 刘炳天. 浮选柱中蜂窝管高效充填的设计与研究［J］. 矿山机械, 2012, 6：80-84.

［23］Zhang Haijun, Liu Jiongtian, Wang Yongtian, et al. Cyclonic-static micro-bubble flotation column［J］. Minerals Engineering, 2013, 45：1-3.

［24］Wang Ai, Yan Xiaokang, Wang Lijun, et al. Effect of cone angles on single-phase flow of a laboratory cyclonic-staticmicro-bubble flotation column：PIV measurement and CFD simulations［J］. Separation and Purification Technology, 2015, 149：308-314.

［25］木子. 2018 年我国十种有色金属产量同比增长 6%［N］. 中国有色金属报, 2019-2-16.

［26］张亚楠, 柴登鹏, 史志荣, 等. 新型稳流保温铝电解槽节能技术的工业推广应用［J］. 有色金属（冶炼部分）, 2018（7）：21-24.

［27］蒋继穆. 国内外铅冶炼技术现状及发展趋势［J］. 有色冶金节能, 2013, 29（3）：4-8.

［28］孙镇, 赵景富, 郑鹏. 红土型镍矿 RKEF 工艺冶炼镍铁实践研究［J］. 有色矿冶, 2013.6（29）：35-37.

［29］黄小卫, 冯宗玉, 王良士. 稀土绿色冶炼分离工艺研究进展［C］//全国稀土化学与冶金学术研讨会暨中国稀土学会稀土化学与湿法冶金、稀土火法冶金专业委员会工作会议, 2014.9.24：1-2.

［30］瑞林. FRHC 废杂铜精炼工艺技术的发展［J］. 再生资源, 2009（9）：48-50.

［31］杨清平, 蒋先尧, 陈顺满. 数字信息化及自动化智能采矿技术在地下矿山的应用与发展［J］. 采矿技术, 2017, 17（5）：75-78.

［32］李建国, 战凯. 基于无人装备的地下金属矿智能开采技术［J］. Engineering, 2018, 4（3）：181-203.

［33］"863" 项目 "地下金属矿智能开采技术" 成果丰硕［J］. 黄金科学技术, 2016, 24（3）：57.

［34］沈政昌, 卢世杰, 杨丽君. KYF 系列大型浮选机的研制开发与应用［J］. 有色金属工程, 2008, 60（4）：115-119.

［35］蒋开喜, 张邦胜, 王海北. 最小化学反应量原理与锌冶炼流程选择［C］//中国工程院化工、冶金与材料工学部第七届学术会议论文集, 2013, 7：851-858.

［36］古德生. 绿色开发 深部开采 智能采矿［N］. 中国冶金报, 2012-10-25（C02）.

能达到 5t/h 的粉磨机等。

随着非金属矿资源越来越贫乏，其品位也越来越低。而且大多数非金属矿原料中含有钛、铁等杂质，想要得到增白的非金属矿，就必须除去里面的钛、铁杂质。其中非金属矿提纯技术应用最广泛的就是高梯度磁选工艺。然而高梯度磁选工艺对能耗要求比较高，且处理量非常低。因此，在非金属矿提纯技术中受到限制。经过不断地探索与研究，在 2000 年 Elder 研发了一种新型的超导磁选机。该磁选机的磁感应强度与高梯度磁选工艺相比较提高了 2 倍多，能够有效地除去非金属矿中钛、铁等杂质。此外，非金属矿浮选方面，相关工艺正朝着操作自动化、设备大型化方向不断发展。同时，细粒选矿技术和微生物在非金属中的应用也越来越广泛。

今后非金属矿物深加工的发展趋势是保护非金属矿结构和特性的专用分选技术与设备会受到高度重视；大宗非金属矿资源利用技术从粗放走向合理化和精细化；开辟非金属矿资源的新来源，需更加重视共伴生非金属矿资源；从非金属矿资源特性出发，发展从资源到矿物材料的各类新兴技术。

结合国内外在非金属矿产品领域的论文、专利以及产业调研分析，国际非金属矿产业与技术开发的热点和前沿方向主要集中在以下几个方面：

（1）针对非金属矿个性差异大、产品系列化程度低等现状，开展非金属矿物组织结构与性质、超细粉碎、表面修饰、功能矿物材料制备等相关基础理论研究。

（2）针对非金属资源高效开发与精细加工，开展玄武岩系/天然石墨系等大宗非金属矿高端材料开发、天然黏土矿物深度利用、长石类矿物综合利用、高纯石英加工、新能源用非金属矿高值开发、节能与生态健康非金属矿产品高值利用、非金属资源绿色循环应用制备新型建筑材料等方面研究。

（3）实现非金属矿资源的高效开发利用，需要把非金属矿的精加工与其他学科有机结合起来，通过交叉融合与产学研协同创新，优化非金属矿产品的功能复合，不断提升非金属矿的应用价值，拓展非金属矿的应用领域。

4.2　我国盐湖与非金属资源开发科技创新的进展

4.2.1　盐湖领域

4.2.1.1　盐湖钾盐成矿理论认识创新，推动深层找钾技术取得重要突破

我国系统研究了世界钾盐形成规律和中国海相蒸发沉积特征，提出了中国海相盆地"时间窗"及"极旱事件成钾"模式，丰富了海相盆地成钾理论，为指导区域找钾提供理论依据。系统总结了裂谷盆地成钾特征，建立了裂谷成钾理论，提出了成矿机理。自 2010 年以来，以大陆裂谷成钾理论为指导，在江陵凹陷中南部实施了找钾钻探，氯化钾预测资源量 2 亿吨，预测成矿区的总资源量 8

亿吨，被列为国家级整装勘查区项目。新类型砂砾层含钾卤水科学认识助推柴西深层找钾重大突破，在柴达木西部首次发现大储量新类型砂砾层含钾卤水，大幅度扩大了柴西钾盐资源远景，结合 25 个钻孔数据，推算氯化钾资源量潜力为 3.5 亿吨。罗布泊位于我国塔里木盆地东端，是全球最大的干盐湖之一。自 1995 年在罗布泊北部发现罗北凹地超大型卤水钾盐矿床以来，经过十余年的勘探评价，已经基本查明浅部（<150m）钾盐资源。为进一步查明罗布泊盐湖区深部钾盐资源，2017 年，在前期成钾理论以及找钾实践的基础上，同时结合近期在罗布泊地区物探工作结果的分析集成，在罗布泊实施了第二口钾盐科学钻探工程（LDK02 井），取得了一系列进展，深部（勘查至 1200m）发现水量丰富、可采的钾资源。抽水试验以及室内分析测试显示，罗布泊盐湖西部深部钾盐远景区固体钾盐资源与卤水钾资源总量约为 1.6 亿吨[8~12]。

4.2.1.2　低品位固体钾矿产业化溶矿开采技术日趋成熟

我国研发了"青海别勒滩低品位固体钾盐液化开发的关键技术"和"青海盐湖低品位钾盐增程驱动溶矿开采技术"，提出了用于盐矿开采的多级驱动溶矿方法，为察尔汗低品位钾盐的溶矿开采奠定了基础。该技术通过水盐体系相图原理，采取盐田晒制光卤石后的老卤母液与淡水、氯化钠综合制取适当组分的溶剂，使溶剂选择性地溶解转化盐岩中夹带的钾镁盐。该技术在察尔汗达布逊东部实施了固液转化（液化）产业化应用，使原来不能开采的巨大低品位固体钾矿变为可采矿，并获得超过 80% 的高采出率，成果达到国际领先水平，由此使固液并存盐湖的固体钾矿开采工业指标大幅度降低，工业品位由 8% 降低到 2%，由此新增钾盐经济基础储量（111b）13731 万吨，实现"再造一个察尔汗盐湖"，保障了我国钾肥工业的可持续发展[13,14]。

4.2.1.3　大型盐湖钾肥加工技术快速发展

西部盐湖钾资源是我国钾肥可持续发展最重要的资源保障。盐湖氯化钾和硫酸钾的生产技术水平与单体工业装置规模达到了发达国家水平[15~18]。随着盐湖资源利用的规模不断扩大，形成了若干行业支柱性龙头企业。青海盐湖形成了以青海盐湖工业股份有限公司为代表的氯化钾骨干企业，针对察尔汗氯化物型盐湖资源综合利用，先后攻克"百万吨钾肥装置冷结晶控制""大型氯化钾工业装置分离除钙""适用低温环境的氯化钠浮选药剂合成"等关键核心技术，实施了"新增年产 100 万吨钾肥""低品位固体钾盐浸泡式溶解转化成套工业技术""冷结晶-正浮选新技术产业化示范"等大型工程项目。其氯化钾产量 2005 年达到 140 万吨，2010 年达到 232 万吨，2015 年达到 521 万吨，获得 3 项国家科技进步奖二等奖（2008、2011、2015）。在新疆盐湖形成了以国投新疆罗布泊钾盐有限公司为代表的硫酸钾骨干企业，针对新疆罗布泊盐湖硫酸钾资源进行开发利用，形成了罗布泊盐湖硫酸钾成套技术，实施了"120 万吨/年硫酸钾成套技术""10

万吨硫酸钾镁肥"等大型工程项目。其硫酸钾产量 2005 年达到 6 万吨，2010 年达到 84 万吨，2015 年达到 157 万吨，获得 2012 年度中国石油和化学工业联合会科技进步特等奖和 2013 年度国家科技进步奖一等奖。

4.2.1.4 钾肥"走出去"开始起步，服务"一带一路"倡议

我国钾资源匮乏，国家鼓励企业走出国门建立海外钾肥基地。钾肥行业制订了"三三三"的发展战略，即 1/3 依靠国内生产，1/3 依靠国外进口，1/3 依靠海外基地。自 2001 年以来，我钾肥行业开始实施"走出去"战略。2008 年，中老两国达成"资源换资产、全面推进双边经贸合作"的共识，随后在国家发展和改革委、商务部等相关部门的积极推动下，四川开元集团、中农矿产资源勘探有限公司、云南中寮矿业开发投资有限公司、中国水电矿业（老挝）钾盐有限公司四个老挝项目分别投入开发，在工程建设、技术开发等方面为我国开启了先行先试之旅、积累了经验与教训。此外，在境外钾资源开发方面，兖煤加拿大资源有限公司、中川国际矿业控股有限公司、中哈富通、山东鲁源及春和集团等已分别在加拿大、哈萨克斯坦、刚果（布）等国进行钾盐矿产勘探开发。到目前为止，我国已在"一带一路"沿线及其他国家进行钾盐资源投资 30 余项。

4.2.1.5 盐湖镁资源开发利用产业化进程稳步推进

盐湖镁资源主要发展方向为镁基精细化学品、高纯镁砂和金属镁及镁合金。应用氢氧化钠法反应结晶耦合法制备高纯氢氧化镁工业技术，在青海甘河工业园建成国内最大规模的 13 万吨/年氢氧化镁生产装置。应用氨法制备氢氧化镁技术在德令哈建成 10 万吨/年氢氧化镁装置。从"十五"开始，国家积极支持无水氯化镁电解制备金属镁技术研究，在国家科技计划的支持下，先后开展了水氯镁石脱水、熔盐电解质成分优化、低电阻高强度阳极石墨制备、大型电解槽多物理场模拟等多项技术的研究与开发，并取得了重要进展。青海盐湖工业股份有限公司从国外引进建设了 5 万吨/年的 426kA 大电流镁电解工程，粗镁指标目前已实现设计指标，对实现我国金属镁工业的清洁发展、节约发展和可持续发展有重要意义[19,20]。

4.2.1.6 盐湖提锂技术实现工业化生产

我国青海柴达木盆地的察尔汗盐湖卤水属于氯化物型，其镁锂比值高达 1800以上；大柴旦盐湖、东台吉乃尔盐湖、西台吉乃尔盐湖以及一里坪盐湖是我国典型的硫酸盐型高镁锂比盐湖。采用吸附法技术，在察尔汗盐湖建成年产 1 万吨/年碳酸锂生产线，并开工建设 5 万吨/年碳酸锂二期项目；采用电渗析技术，在东台吉乃尔盐湖建设了 1 万吨/年的碳酸锂生产装置；采用煅烧法技术，在西台吉乃尔盐湖建设了 5000 吨/年碳酸锂生产线；采用萃取法，在大柴旦盐湖建设了 4000 吨/年碳酸锂项生产线；基于"多级锂离子浓缩"专利技术，在一里坪盐湖推进建设 1 万吨/年碳酸锂项目；青海盐湖区目前形成 3 万吨/年碳酸锂产能。西

藏的盐湖卤水类型主要有重度碳酸盐型、轻度碳酸盐型和硫酸盐型，采用"太阳池"技术在扎布耶盐湖形成 5000 吨/年碳酸锂产能，采用"兑卤"技术在龙木措盐湖和结则茶卡盐湖形成 2000 吨/年碳酸锂产能[21~23]。

4.2.1.7   盐湖产业集群逐步形成

盐湖资源开发利用成果显著，特别是柴达木盆地察尔汗盐湖和塔里木盆地罗布泊盐湖资源开发取得了明显进步，经济和社会效益双丰收。受益于盐湖资源的开发，盐湖区域公路、铁路、电力等基础设施建设发展迅速。青海盐湖区内，察尔汗盐湖目前形成 500 多万吨氯化钾、200 多万吨原盐、50 万吨氯化镁生产能力；马海盐湖形成 50 万吨氯化钾生产能力；东台吉乃尔盐湖形成 15 万吨/年硫酸钾镁肥、2.5 万吨硫酸钾、1.3 万吨碳酸锂、3 万吨硼酸生产能力；西台吉乃尔盐湖形成 45 万吨硫酸钾镁肥、7 万吨氢氧化镁、3 万吨硼酸、1 万吨碳酸锂生产能力；大柴旦盐湖形成 12 万吨氯化钾、25 万吨硼矿、5 万吨硼酸生产能力；大浪滩盐湖已形成 60 万吨氯化钾、5 万吨硫酸钾生产能力；昆特依盐湖已形成 30 万吨硫酸化镁肥、15 万吨氯化钾生产能力；茶卡盐湖已形成 150 万吨原盐、3 万吨氯化钾生产能力；柯柯盐湖已形成 300 万吨原盐、3 万吨氯化钾生产能力；察汗斯拉图盐湖形成 10 万吨硫化碱生产能力。新疆盐湖区内，国投新疆罗布泊钾盐有限责任公司建有年产 160 万吨硫酸钾生产装置及年产 10 万吨硫酸钾镁肥生产装置，是世界最大的单体硫酸钾生产企业。西藏盐湖锂资源以大型/超大型矿床为主，中小型矿床较少，但西藏盐湖锂矿勘查程度较低、探矿权申请难、交通条件差、能源匮乏，中小型盐湖锂矿开采的经济可行性和环保可行性尚需进一步评价。

4.2.2   非金属矿领域

4.2.2.1   非金属矿产开发利用水平进步显著

我国重要矿产开发利用水平调查通报表明[24]，多数矿产资源储量大省也是产量大省，矿产资源产能结构进一步优化，矿山数量不断降低，大型矿山产能占比提高，矿产资源集约化程度显著提高，主要矿产资源开采回采率总体平稳，主要矿产资源选矿回收率稳中有升，共伴生资源综合利用成效明显。矿产开发利用装备水平不断提高，节能环保、采选工艺智能化、采选设备大型化正成为矿业技术发展的趋势。矿产资源采选综合利用技术不断突破。减量化生产初见成效，主要矿产资源废石排放强度高，尾矿排放增速下降，尾矿循环利用率提高，废石排放增速下降，废石循环利用率提高，矿业固体废弃物循环利用率不断提高。

4.2.2.2   工艺矿物学智能化测试水平显著提高，推动非金属矿加工技术水平进步

随着矿业的发展和复杂难选矿石的增加，我国的工艺矿物学研究正从定性研

究向定量研究转变，从人工测试向自动化测试转变，从粗糙研究向精细研究转变，从单一为选冶服务向为矿山开发的各个环节服务转变，从易选矿向低品位复杂共生矿转变。工艺矿物学研究与现代先进的分析仪器相结合，使各种测量向快速和自动化方向发展。研究工作已从以往物理量统计为主向矿物晶体内部结构构造和晶体表面几个原子层区域研究方向发展，并用先进的理论诠释矿物所表现出的各种选冶性能差异。将矿物的晶体化学、矿物物理学、量子矿物学与工艺矿物学紧密结合，使这门应用学科不仅在选、冶、加工工艺等提取其中的某种有用元素，而且也促进了新兴的矿物材料和技术的发展。

以往工艺矿物学研究工作和主要进展都集中在金属矿上，近些年随着对非金属矿的重视程度不断加大，非金属矿的工艺矿物学研究也得到了较快的发展，尤其是在磷矿石、蓝晶石族矿石和石墨矿石等少量矿种上进展较大。以 MLA、QEMSCAN 为代表的现代测试技术实现了非金属矿工艺矿物学定量研究，提升了非金属矿的综合利用水平，工艺矿物学从为选矿服务转变为矿山整个生产流程服务[25]。

4.2.2.3　超导磁选、颜色拣选和浮选药剂等深加工技术水平取得突破，推动新能源、环保等非金属矿产开发快速发展

选矿方面，我国非金属矿以低品位矿、共伴生矿等为主，近年来涌现出了一大批创新技术工艺。

（1）超细磨矿技术。超细磨矿技术得到了快速的发展，广泛应用于非金属矿加工行业中。碳酸钙等行业的超细磨装备由单一化向集约化、高效化转变，国产设备生产能力提高 5 倍以上。

（2）低温超导磁选技术。磁选是通过磁场力将矿石中的含铁矿物分离出去的一种方法，是非金属矿选矿的重要共性技术之一。近几年国内消化吸收国外低温超导磁选技术，开发了自己的低温超导磁选机。低温超导磁选已成功用于在高岭土等矿物的除铁增白，在 5.5T 场强下磁选，高岭土铁含量由 1.0% 下降至 0.55%，白度由 78% 提高到 90%。现有国产化工业级低温超导磁选设备的年处理量可达 6.5 万吨土（绝干重）。高梯度超导磁选设备的发展对提升细粒或微细粒非金属矿选矿提纯技术意义重大。

（3）高效浮选技术。浮选柱在美国、英国等国家成功应用于铜矿、石墨矿等金属、非金属矿的选矿，在国内目前比较成功应用的有煤炭、有色金属行业。近几年通过选矿技术人员科研攻关，浮选柱已应用在石墨选矿中。在石墨精选阶段，用一次浮选柱选别可以达到 2~3 次传统浮选机浮选的结果，对固定碳 90% 左右的石墨粗精矿经一次磨矿、一次浮选柱浮选即可稳定获得固定碳超过 95% 的石墨精矿，代替 3 次浮选级选别，显著缩短现有石墨浮选流程，实现石墨选矿短流程。

（4）色选技术。色选技术是通过使用光学设备根据物料颜色的差异对颗粒物料中的异色颗粒自动分选的技术。近年来用于石英等非金属矿的色选机装备成熟度不断提高，色选效率和效果都在显著提升，生产线装配数量急剧增加，逐步实现了色选的技术革新。

深加工新技术方面，非金属矿深加工技术发展集中在超纯技术、超细磨技术、色选技术、无机凝胶制备技术等方面，我国已拥有比较成熟的加工高纯石墨、石英、硅藻土、高岭土、膨润土、云母制品、重质碳酸钙等生产技术，能生产各类超细粉碎与精细分级技术装备；非金属矿深加工水平、产品系列化进一步提高，开发了高性能矿物功能填料、环保助剂材料、土壤改良剂、难处置工业废水废气净化材料、锂离子电池负极材料、高岭土催化剂载体等深加工产品。

4.2.2.4 大型工程的实施推动了关键和成套技术日趋成熟

虽然我国主要的石英、石墨等大型原料加工成套技术日趋成熟，但某些关键核心技术依然受国外掣肘。

（1）高纯化技术。近些年国内基本突破了99.99%的高纯石英制备技术，工业化生产产品可用来制备单晶硅坩埚外层、石英锭、石英砣和拉管玻璃等，生产高纯石英的原料亦突破了完全依赖进口的格局，但纯度高于99.99%以上的产品仍严重依赖进口。

（2）颗粒整形技术。近几年国内球形石墨生产在工艺、设备、产品指标、自动化程度、能耗，以及包覆改性等方面成果卓著，有的生产线已经出口海外，球形石墨主要用于锂离子电池负极材料，球形石墨产业已经形成一定的规模。球形硅微粉制备，近几年在实验室研究上具有一定突破，但具有自主知识产权的工业化生产仍有一定难度。

（3）剥片技术。目前规模量产的石墨烯大多采用剥离法，2016年全国产能近7000t，而实际产量在100t左右，石墨烯大规模应用尚处在商业化前期。

4.2.2.5 非金属矿领域绿色环保技术水平有所提高，助推矿产床集约利用和绿色矿山建设

我国尾矿处理与综合利用研究集中在尾矿再选和有价组分的提取利用、尾矿材料化利用、尾矿清洁充填与土地复垦等方面，在废水处理和综合利用方面，关于有机污染物的吸收与固化及光催化降解的研究取得多项技术创新，矿山粉尘治理方面，采用BME生物纳米膜抑尘技术收集超颗粒和凝并技术收集微细粉尘取得重要进展，上述技术进步对于支撑绿色矿山建设起到了重要作用。同时，非金属产业集群发展加快，石墨、萤石、高岭土、菱镁矿、硅藻土、硅灰石、碳酸钙等重要非金属矿产，依托资源产地逐步形成一定规模的采选加工基地，产业向集群园区集中呈现明显发展趋势。"十二五"期间，形成了鹤岗、鸡西石墨、盱眙凹凸棒、梨树硅灰石、白山硅藻土、贺州碳酸钙、信阳珍珠岩、新余硅灰石、平江云母制品等产业集群生产基地。

4.3 重大标志性成果

4.3.1 察尔汗盐湖 100 万吨氯化钾成套技术与装备

青海察尔汗盐湖是我国钾矿储量最丰富的地区和最大的钾肥基地。近年来通过产学研合作，先后攻克百万吨钾肥装置冷结晶粒度与收率精确调控、大型氯化钾工业装置分离除钙、低品位固体钾盐溶解转化等关键核心技术，形成氯化物型盐湖生产氯化钾成套技术体系。主要研究成果如下：

（1）开发了具有世界先进水平的反浮选-冷结晶技术。优化完善了百万吨钾肥特大型结晶器结构（直径 12.2m、高 14.4m）、搅拌系统和工艺操作参数，实现了生产自动化监测与控制，使百万吨钾肥生产装置提高产能 20%以上，装置规模、钾回收率、单耗等指标均达到国际同类技术先进水平。相关技术成果支撑实施了新增 100 万吨钾肥项目。

（2）针对低品位难开采固体钾盐，开发了低品位固体钾盐溶解转化先进工业化技术，变呆矿为活矿，增加固体钾盐基础储量 1.58 亿吨，支撑了国家钾肥工业的可持续发展，保障了我国钾肥供给安全。

（3）针对高钠光卤石原料，开发了冷结晶-正浮选工艺，研制了高适应性新型冷结晶器（高 8m、直径 15m），建设了 40 万吨/年氯化钾项目，解决了贫杂矿高效分离的技术难题。

（4）针对生产废弃尾盐，开发建设了 10 万吨/年热溶结晶法氯化钾项目，实现了尾矿资源化。

该成果在青海盐湖工业股份有限公司得到产业化应用，实现了我国盐湖钾盐开发技术的跨越式发展，钾肥开发规模由 100 万吨（见图 4-1）增加至 500 万吨，取得了重大的资源效益、经济效益与社会效益。"年产 100 万吨钾肥生产技术开发及产业化"（2008）、"盐湖钾镁资源高效与可持续开发利用关键技术"（2011）、"青海盐湖低品位难开发钾盐高效利用技术"（2015）获得国家科技进步奖二等奖。

图 4-1 察尔汗盐湖 100 万吨/年氯化钾生产装置

4.3.2 罗布泊盐湖 120 万吨硫酸钾成套技术与装备

我国钾盐资源十分紧缺，罗布泊超大型钾盐矿床的发现是我国找钾的重大突破，建设了 120 万吨/年硫酸钾成套装置，极大地缓解了我国钾肥紧张问题。主要研究成果如下：

（1）查清了罗布泊钾矿床形成条件与物质来源，创新地提出"高山深盆、盆中藏盆"的钾盐成矿理论。为进一步查明罗布泊盐湖区深部钾盐资源，实现深部找钾突破，2017 年在前期成钾理论以及找钾实践的基础上，在罗布泊实施了第二口钾盐科学钻探工程（LDK02 井），深部发现水量丰富、可采的钾资源。证实了前期提出的"含水墙"成钾模式。估算罗布泊盐湖西部深部钾盐远景区固体钾盐资源与卤水钾资源总量约为 1.6×10^8 t[26]。

（2）查清卤水动力学特征，研究了卤水蒸发析盐规律，获得了制取高质量硫酸钾混盐工艺路线，具有回收率高、产品质量有保障及成本低的优势。

（3）形成了罗布泊盐湖硫酸钾成套技术，创造性地采用"差异化布井、分区、分层采出"模式，建成世界上最大的卤水开采井群；采用独特的兑卤、盐田摊晒和选矿工艺，有效缩短卤水蒸发结晶路线，显著提高了含钾矿物品质和回收率；建成罗布泊盐湖 120 万吨/年硫酸钾成套装置（见图 4-2），实现了我国硫酸钾产业结构升级，填补了国内空白，使我国迈入了世界硫酸钾生产大国行列。

该成果快速取得了产业化应用，罗布泊盐湖迅速成为我国农业亟需的钾肥生产基地。2013 年，"罗布泊盐湖 120 万吨/年硫酸钾成套技术开发"获得国家科技进步奖一等奖；2016 年，国投新疆罗布泊钾盐有限责任公司年产 120 万吨硫酸钾项目获得第四届中国工业大奖。

图 4-2　罗布泊盐湖 120 万吨/年硫酸钾生产装置

4.3.3 高性能锂离子电池用石墨和石墨烯材料

解决新能源汽车高价格的核心是降低动力锂电池一次采购成本。基于我国丰富的天然石墨资源，开发了石墨改性剂锂电池负极材料（见图 4-3）创新技术，优化了锂离子动力电池充放电速率、循环和高低温性能。主要研究成果如下：

（1）发明了二元共插层鳞片石墨改性和微膨化技术，开发出可快速充放电、工作温度范围宽和循环寿命长的微膨改性石墨负极材料。

（2）发明了表面碳包覆和间隙碳钉扎的微晶石墨复合改性技术，研制出具有优异高倍率性能和低膨胀率的负极材料。

（3）开发出高容量且循环性能优异的硅石墨复合负极材料。

（4）发明了温和条件下高品质石墨烯的低成本、宏量制备技术，提出了基于"点-面"模型的石墨烯导电剂应用技术。

该成果共获授权发明专利 35 项，近三年累计实现销售收入 19.6 亿元，利润 3.27 亿元。相关成果大幅提升了我国天然石墨资源的深加工技术和利用水平，提高了我国锂离子电池行业的国际竞争力。"高性能锂离子电池用石墨和石墨烯材料"项目获得 2017 年国家技术发明奖二等奖。

图 4-3　高性能锂离子电池用石墨和石墨烯材料

4.3.4　云南中低品位胶磷矿选矿技术开发与产业化

中低品位硅钙质胶磷矿的选矿是一个世界性的难题。针对该技术瓶颈，开发出了系列新型选矿药剂和配套新工艺，为云南省乃至全国中低品位磷资源开发利用开辟了一条有效途径，总体技术水平达到国际领先，既解决了稀缺资源可利用问题，又具有良好的环保节能效果。主要研究成果如下：

（1）该技术最大的突破是药剂与工艺的结合。针对云南中低品位胶磷矿嵌布粒度细、包裹型嵌镶发育、有用矿物与脉石矿物可浮性相近等特点，开发出系列新型选矿药剂和配套新工艺。比如，通过分子设计，采用氯化、酯化反应，以油脚为原料首次制备出一种新型高效捕收剂——氯代油酸檬酸酯。由于在捕收剂疏水基引入吸电子基团、亲水基引入多羧基基团，增强了药剂分子极性，提高了对钙镁离子的螯合性，使该药剂具有常温下溶解性和分散性好、捕收性和选择性强等特性（见图4-4）。通过调节介质的pH值，用一种捕收剂同时满足了正、反浮选的要求。

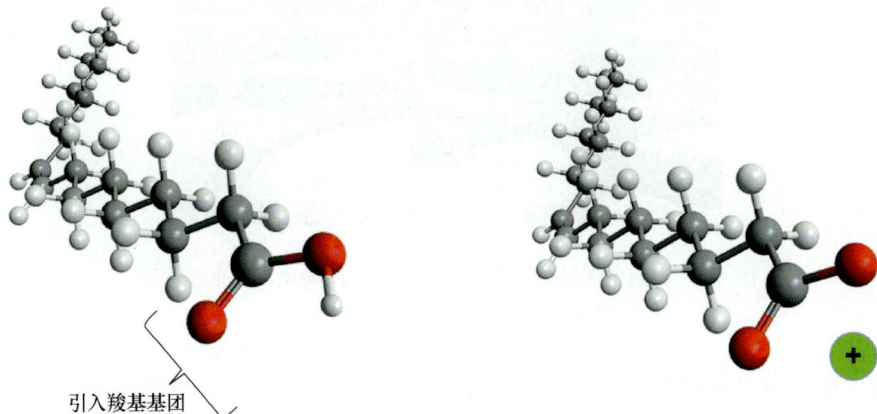

引入羧基基团

图4-4 胶磷矿浮选药剂分子设计

（2）开发出中低品位胶磷矿"正浮—粗联合反浮—粗—扫"常温浮选流程，建成了目前我国最大的选矿磷矿加工基地——海口、安宁两座200万吨/年磷矿浮选厂。经工业运行表明，五氧化二磷品位由原矿中的15%～25%提高到30%以上，氧化镁含量由1.5%～4.0%降到0.8%以下，选矿回收率达86%以上，工艺流程简单，操作稳定，经济社会效益显著。

（3）在环保方面，该项目实现了工艺过程和尾矿废水的循环利用，回水利用率达80%以上，年节水达1500万立方米；采用新型药剂后，选矿成本明显降低，减轻了环境污染；常温浮选每年可节省标煤14万吨以上，节能减排效果明显。

云南磷化集团公司采用该成果，实现了胶磷矿中低品位浮选工业化生产。建设的海口、安宁、晋宁（见图4-5）等三套磷矿浮选装置，磷矿浮选年处理能力达到990万吨。尾矿水循环利用实现"零"排放。使磷矿开采的原矿品位由28%左右降到21%左右。"云南中低品位胶磷矿选矿技术开发与产业化"获得2012年度国家科技进步奖二等奖。

4.4 与世界先进水平的差距及存在的短板

在盐湖资源领域，我国盐湖综合利用程度与重要元素采收率偏低，仍然以农用钾肥为主，产品种类相对单一，钾、镁、锂、硼、溴等有价元素综合利用水平

图 4-5 云南中低品位胶磷矿选矿——云南磷化集团采选项目
（亚洲最大胶磷浮选厂——晋宁 450 浮选厂）

需进一步提高，盐湖提锂处于产业化起步阶段，回收率低；一些核心装备与分离材料有待开发，电解镁成套装备、盐湖提锂吸附剂与分离膜等主要依靠国外技术；深部卤水与地下盐岩矿资源发展潜力巨大，资源勘查、安全开采与绿色加工利用技术亟待加强。

在非金属矿领域，非金属矿加工设备大型化、智能化水平相对落后，超细粉碎、精细分级、表面改性、煅烧等通用设备单机生产能力与自控水平偏低；非金属矿选矿、特别是高纯选矿技术水平存在短板，造成资源利用率较低、部分国防军工和高技术领域依赖进口；表面改性配方技术不能满足相关领域应用的需要，矿物新材料工业生产技术发展滞后，功能材料品种少，产品性能相对不足；非金属矿产品技术标准规范与国际先进水平存在较大差距。

4.5 未来发展方向

4.5.1 盐湖领域

4.5.1.1 中国钾资源保障体系关键成套技术

我国作为人口大国，农业始终是国民经济发展的基础与命脉；钾肥作为最重要的化学肥料，事关国家粮食安全。尽管全球钾资源丰富，却因分布不均衡形成了西方资源垄断，主要集中在加拿大、俄罗斯、白俄罗斯、以色列、约旦等国家，上述五国约占世界储量的 78%。我国可溶性钾资源极为匮乏，主要赋存于青海、新疆的柴达木和罗布泊盆地。截至 2015 年年底，钾盐储量 3.46 亿吨（全国矿产储量数据库），占世界比例 8.99%，且开采难度较高。要保障钾肥稳定和可持续供给，必须走立足国内技术开发、开拓境外钾盐基地、适当进口调剂相结合的道路，逐步实现钾肥自给自足。我国正积极开发湄公河沿岸呵呖高原地下盐岩钾镁矿资源，建立我国未来钾资源的战略储备基地。

A 盐湖钾资源勘探、开采和深度利用技术

深层地下卤水勘查和低品位盐湖矿产开采取得重要进展，发展潜力巨大，需要深入开展新类型钾盐资源综合勘查，加强低品位盐湖矿产资源开发利用的技术研究。目前，我国勘查开发利用的主要是地表和浅层卤水。从国外情况来看，在深部往往还有富钾、锂卤水资源，在中国盐湖区深部也应有不少的资源量。罗布泊盐湖深部卤水资源的勘查中取得重要进展，在罗布泊盐湖深部巨大的富钾卤水资源可供开发利用；而在马海盐湖深部的钾资源在整个马海盐湖占比超过90%。在青海柴达木盆地和罗布泊盐湖，经过长年高强度的资源开发，品质好的富矿继续减少，资源迅速贫化，钾开发向低品位、难处理资源扩展。低品位固体钾盐的溶矿开采已经成为盐湖工业股份有限公司钾肥生产的重要资源保障，该成功经验值得借鉴。

B 地下固体钾镁盐岩矿安全开采、绿色加工与尾矿回填技术

固体盐岩矿床的物理力学特性与一般的金属矿床存在较大的差异，有必要对地下井巷工程和采场稳定性进行深入的研究，研发安全可靠的地下固体盐岩矿床开采、回采技术和装备，减少开采成本和代价，降低可采资源品位和充分回收资源。开发新型、高效、低成本胶结充填成套技术，实现地下固体钾镁盐岩矿采空区的回填，保障地质安全，解决地下固体钾镁盐岩矿加工过程排放的固废及老卤污染问题。开发地下岩盐矿钾、钠、镁、溴有价元素绿色梯级利用技术。

C 氯化钾深度加工转化技术

进一步提高钾资源回收率及氯化钾深度加工转化，高品位硝酸钾、硫酸钾、碳酸钾、磷酸二氢钾、储能材料等是氯化钾深加工的重要产品，开发钾深度转化技术是建设盐湖循环经济产业链的必然需求。

4.5.1.2 盐湖镁资源综合利用技术与装备

随着盐湖钾资源的不断开采，大量镁资源（主要是氯化镁）一直作为副产品和工业尾料被排放出来。根据其卤水组成和生产数据统计，生产1t氯化钾副产8~10t氯化镁。受地区经济发展水平、产品市场等诸多因素的制约，废弃氯化镁没有得到有效利用，基本被重新排回盐湖，对盐湖化学环境与组成产生了结构性影响，造成资源严重浪费、矿物生态环境的失衡。未来盐湖镁资源开发的主要方向为镁基精细化学品和金属镁及镁合金。

A 高值化镁化合物

开展盐湖镁盐转化与热解技术研究，制备高品质、高性能、多品种镁化合物及镁基材料等。开展氯化镁反应结晶制备氢氧化镁、氧化镁进而制备高纯镁砂、

氧化镁耐火材料等。开发高端微纳米氢氧化镁阻燃剂晶体生长、多尺度调控和表面多功能一体化复合技术，氢氧化镁阻燃剂、镁基 LDHs 功能材料晶形和粒度稳定控制技术，盐湖镁基储能材料热导率的优化控制与热稳定性的调控技术。形成特种高纯氧化镁、高端微纳米氢氧化镁阻燃剂、镁基超分子结构层状功能材料、镁质晶须材料制备技术等。

B　金属镁与镁合金制备技术

优化金属镁电解技术工艺，提出电解镁纯净化方法和技术，优化和完善年产10 万吨金属镁电解生产工程技术。揭示以不脱水氯化物电解制备镁稀土中间合金机理，攻克百吨级镁稀土中间合金制备工程技术，研发高附加值镁中间和应用合金。提出镁合金凝固过程细晶强韧化原理、压铸工艺参数的优化方法和技术，通过高真空压铸技术降低镁合金压铸件内部的孔隙率，实现可热处理强化和焊接。主要研究内容包括：金属镁电解制备与纯净化技术、镁稀土中间与应用合金制备技术、不锈高强韧镁合金制备技术和基于车用镁合金设计制造一体化技术。

C　特色镁质胶凝材料制备技术

研究镁质胶凝环境工程结构材料的制备技术，研究镁质胶凝材料的水化、服役性能强化以及劣化的微观机制；明确镁质胶凝材料服役性能劣化的动力学过程。提出镁质胶凝建筑围护结构材料的制备技术，揭示薄型材料的变形机制；提出镁质胶凝材料的增强/链接方法，明确镁质胶凝材料与增强材料界面的物理、化学作用机制。主要研究内容包括：抗腐性镁质胶凝环境工程结构材料的制备技术及示范应用，镁质胶凝建筑围护结构材料的制备技术及示范应用。

4.5.1.3　盐湖锂及稀散元素绿色高效提取技术

在充分开发利用我国有限可溶性钾资源的同时，必须关注副产老卤的综合利用，包括稀散元素锂、硼、铷、铯等协同开发，实现盐湖资源综合利用[27~29]。

锂被誉为"21 世纪清洁能源金属"和"推动世界前进的重要元素"。随着信息产业、绿色能源、核聚变发电等高科技产业的迅速发展，锂及其化合物已成为新世纪能源和轻质合金的理想材料。我国锂资源主要以盐湖卤水为主，约占总储量的80%，主要集中在柴达木盆地盐区（察尔汗、东台吉乃尔、西台吉乃尔、大柴旦、一里坪盐湖）和西藏的扎布耶盐湖等。近 10 年来，锂元素正在成为现代工业生产中关注与开发的热点，而盐湖卤水提锂逐渐成为未来研究和工业化的重点。卤水锂资源高效分离与转化是亟待解决的关键技术瓶颈。盐湖提锂主要包括沉淀法、萃取法、膜分离法和吸附法。虽然低镁锂比盐湖卤水提锂技术已在美国、智利、阿根廷、玻利维亚等国实现工业化，然而我国柴达木地区的盐湖卤水多属于高镁低锂型，镁锂比较国外盐湖卤水高数十倍甚至数百倍，因此国际成熟的"沉淀-结晶"工业提锂技术不适合我国盐湖资源的结构特点。萃取法的发展方向是合成制备高选择性的萃取剂，研究分离体系的基本规律，揭示高选择性提取锂的机制，实现低成本和消除环境污染。膜分离法的关键技术是合成选择性膜分离材料，优化膜设备结构及操作工艺。吸附法是公认的具有发展前景的分离方法，其核心是研制出具有高选择性、高稳定性的锂离子吸附材料，揭示吸附机理及材料构效关系，获得锂离子吸附过程的扩散与传质模型，为吸附材料成型工艺的改进和吸附设备的设计提供理论支撑。

针对青海盐湖中浓度极低的硼、铷、铯元素，研究盐湖特殊环境下，稀散元素在卤水资源加工中的赋存、迁移与相变规律；针对卤水多元复杂体系，开发具有极高选择性的分离材料与分离工艺，如萃取剂、新型吸附材料、膜分离技术、浊点萃取法等，深入研究分离机理及构效关系，设计新工艺流程，为完善盐湖资源综合利用产业链提供技术支撑。

4.5.2 非金属领域

我国非金属矿产资源开发应用领域面临下游产业结构性升级和高端非金属矿产品供给不足的矛盾、大宗非金属矿资源保障不足和需求持续旺盛的矛盾、资源可持续开发和生态环境有限承载力的矛盾，非金属矿资源领域发展机遇与挑战并存，主要体现在以下几方面。

4.5.2.1 新能源、新材料和新技术的发展对非金属矿产品提出了新的需求

随着新能源行业的飞速发展和进步，对锂、硅、碳、钛等资源的需求提出了新的、更高的要求，例如新能源汽车的推广使金属锂的需求呈现爆发式增长，对锂辉石等锂资源的供给提出了更高要求；光伏太阳能电池的推广应用需要高纯石英产品的支撑，从而对高品质石英矿的精加工提出了更高的要求。同时，我国的非金属矿产品供给体系总体上存在中低端产品供给过剩、高端产品供给不足的情况，而经济健康发展的需求下要求产业结构必须调整，解决初级产品产能过剩问题，提高高端产品自给率。此外，随着下游产业供给侧改革和结构性升级，对非金属矿产品的品质和技术指标要求更加细化，对其质量稳定性要求更高，从而对非金属矿资源行业发展提出了新的、更高的需求。

高新技术行业飞速发展对高端非金属矿原料的技术指标和稳定性提出了更苛刻的要求。目前，我国非金属矿行业存在低端矿产品经国外加工后返销中国的现象，国外对相关技术严格保密，形成技术壁垒，其中部分高端矿产品作为某些高新技术产业的支撑，无法替代，如高纯石墨、高纯石英等，如果国外对我国禁运，将会对我国这些高新技术产业形成"卡脖子"现象。因此，对于相关高端非金属矿资源精加工技术的突破是十分必要和迫切的。

4.5.2.2 生态文明建设对生态环境保护提出新的要求，促进非金属矿物加工行业的绿色、低碳和循环发展

十九大报告中对生态环境提出了更高要求，进一步提出了坚持人与自然和谐

共生的理念，要求坚持节约资源和保护环境的基本国策，实行最严格的生态环境保护制度，形成绿色发展方式和生活方式。"十一五"以来我国工业行业取得举世瞩目的成绩的同时，因资源过度消耗和环境负荷沉重的粗放式快速发展模式给生态环境带来了巨大影响，严重影响了大众的健康和社会的可持续发展。我国工业向"生态友好"的发展已到了刻不容缓的地步，国家也采取了更为严苛的环境和污染防治的政策。作为资源领域产业链的重要一环，非金属矿物加工行业当前仍然存在废石、尾矿、选矿废水排放量大，粉尘以及噪声污染等一系列环境问题。大量非金属矿加工企业因环保问题被关停限产。

如何实现节能减排、绿色开发，将非金属矿产资源开发对生态环境的影响降到最低，是非金属矿物加工学科亟须解决的问题。要实现非金属矿物加工学科的绿色、低碳和循环发展，必须在非金属矿的绿色矿物加工技术方面加强技术攻关，以创新的整体技术解决方案来应对可持续发展方面的挑战，突破生态环境保护对矿产资源开发的制约。

4.5.2.3 国内资源禀赋差的情况不断恶化、资源供需矛盾日益加剧，需要更高效的开发利用技术

我国非金属矿产资源品种齐全、总量丰富，但人均占有量低，是一个资源相对贫乏的国家。随着我国社会经济的持续高速发展，将进一步拉动能源和原材料需求的增长，矿产资源及矿产品的供需矛盾将日益突出。通过高效集约节约选矿技术的研发、推广及应用，提高选矿回收率和矿产资源综合利用率，减少资源浪费、增加矿产资源回收利用总量，满足经济发展对矿产资源的持续需求，提高资源的保障程度。

国内矿产资源"贫细杂"的禀赋劣势突出，矿石品位低、难处理、共伴生关系复杂。这些特点造成了我国非金属矿产资源开发利用难度大、建设投资和生产经营成本高的现状。大部分矿山经过长期的开采，优质非金属矿资源逐渐枯竭，矿石资源禀赋进一步恶化，开发利用成本不断上升。矿石资源禀赋的恶化，非金属矿加工面临的复杂难处理资源越来越多，需要加强对复杂难处理资源综合开发利用技术的研发，重点针对难处理战略资源、大宗低品位资源，从节能减排等角度研发高效、经济利用技术。

4.5.2.4 部分非金属矿加工设备技术水平仍与国际先进水平有差距，缺少大型专用非金属矿加工设备

虽然我国目前在浮选机和磁选机等大多数非金属矿加工设备技术水平达到或接近国际先进水平，但还有少部分设备距国际先进水平仍有差距。总体上，矿物加工行业存在装备水平不一，自动化程度不高，集成度低、生产效率低等问题，如圆锥破碎机等。装备运行效率制约矿物加工行业发展，部分矿物加工装备工艺

性能差、可靠性低。装备大型化和高可靠性成为当前制约我国非金属矿物加工行业发展的"瓶颈"之一；大型设备主要依赖进口，国产化大型设备多数为仿制产品，尚达不到国外设备的可靠性和性能水平。

提高矿物加工行业生产效率的关键是节能、降耗，通过生产规模化、选矿自动化、大型选矿设备开发与应用及新型节能技术的开发等措施降低能耗和物耗，提高劳动作业率和设备运转率，提高单位能耗及物耗条件下的选矿处理能力。

4.5.2.5 非金属矿高效利用需要基于信息化智能化的基因矿物加工工程技术发展

我国非金属矿种类和禀赋的多样性，在资源高效利用过程中，不同矿山利用技术和路线差异大，通用性差，造成技术研发难度大、成本高，对非金属矿的高效利用提出了更高的要求。孙传尧院士提出的"基因矿物加工工程"，就是希望通过信息技术与矿物加工技术的深度融合，对矿物加工试验研究和工程转化的传统模式带来突破性的创新，期望对非金属矿的高效利用和矿物加工的共性和个性问题能够提供理论和技术参数的指导和借鉴，缩短高效综合利用技术的研发周期和降低研发成本。

同时，智能化将是未来非金属矿物加工发展的目标与重要方向，我国矿物加工工业大多还停留在机械生产阶段，甚至部分停留在间断生产阶段，信息化水平总体不高。非金属矿物加工实现较高程度的装备自动化和全流程的智能控制对于提高非金属矿产品品质具有重要意义，但是还需要进一步攻关。

4.5.2.6 基于大数据、云计算和人工智能的技术发展，亟须建立"资源禀赋—矿产加工综合利用技术—矿产品细化分级—细分市场需求"数据链平台

随着大数据、云计算、人工智能等信息技术的快速发展，使得大通量数据存储、交互和智能分析成为可能。非金属矿领域具有矿产资源种类繁多、资源赋存状态差别大的特点。其矿产品具有品种繁多、用户使用需求细化的趋势，造成矿产资源信息与使用需求信息不对称的矛盾。以矿物加工技术和矿产品精细分级标准化为主线，市场需求为导向，基于非金属矿山资源赋存信息数据、非金属矿产加工与分级分选技术数据、非金属矿产品标准化精细分级数据、用户需求信息数据，建立"资源禀赋-矿产加工综合利用技术-矿产品细化分级-细分市场需求"的数据链平台，将为非金属矿资源利用行业的优化设计，以及矿山高效、绿色、高值综合利用提供解决方案；为下游行业提供资源保障；为政府的资源开采利用的决策提供数据支撑和依据。这将优化资源配置，提高资源的利用价值和保障能力。

基于以上分析，我国非金属矿领域的主要发展方向聚焦在典型矿物的物性识别诊断技术、高纯化、高性能关键非金属矿物提纯、绿色加工技术与智能装备研发等方面[30~33]。

（1）战略性非金属矿物性识别诊断技术、开发利用标准及工业大数据平台建设。针对非金属矿种类繁多，形貌、结构与性能相关的问题，开展物性识别诊断技术、开发利用标准及工业大数据平台建设。

（2）高纯化、高性能关键非金属矿利用及材料制备技术与示范。针对石英、金红石、石墨、铝矾土高效提质、镁橄榄石高效利用、新材料用石英资源加工、膨润土高值化综合利用、中低品位磷矿及伴生资源高效开发利用等开展研究。

（3）基于战略性非金属矿特性的绿色加工装备研发与示范。开发保护非金属矿功能特性的高效分选技术与装备，主要包括非金属矿碎磨机、高效浮选机、非金属矿重介质旋流器、非金属矿自动造粒机、非金属矿转型碳氮化物高温反应炉等。

参 考 文 献

［1］李武，董亚萍，宋彭生.盐湖卤水资源开发利用［M］.北京：化学工业出版社，2012.

［2］宋彭生，项仁杰.盐湖锂资源开发利用及对中国锂产业发展的建议［J］.矿床地质，2014（5）：977-992.

［3］谭生禄.国内外盐湖资源综合开发利用的实践对青海盐湖资源的启示［J］.盐科学与化工，2017（8）：1-5.

［4］张利珍，谭秀民，张秀峰.我国盐湖资源开发利用的现状及对策分析［J］.盐业与化工，2012（11）：7-10，18.

［5］吴蝉.青海盐湖锂资源合理开发刍议［J］.青海科技，2017（4）：25-31.

［6］侯献华，樊馥，郑绵平，等.青海盐湖钾盐资源开发利用及产业发展［J］.科技导报，2017（12）：67-71.

［7］谭琦，冯安生，刘新海，等.中国非金属矿产资源领域发展现状与趋势［J］.矿产保护与利用，2015（4）：52-56.

［8］刘成林，焦鹏程，王弭力.盆地钾盐找矿模型探讨［J］.矿床地质，2010（4）：581-592.

［9］焦鹏程，张建伟，姚佛军，等.马海盐湖深部卤水钾盐勘查与研究进展［J］.矿床地质，2016（6）：1305-1308.

［10］刘成林，宣之强，曹养同，等.探索中国陆块找钾——中国东特提斯域成钾作用及模式［J］.化工矿产地质，2015，37（4）：193-197.

［11］李波涛，赵元艺，叶荣，等.青海察尔汗盐湖固体钾盐物质组成及意义［J］.现代地质，2012，26（1）：71-84.

［12］赵元艺，焦鹏程，李波涛，等.中国可溶性钾盐资源地质特征与潜力评价［J］.矿床地质，2010，29（4）：649-656.

［13］王石军，王兴富.察尔汗盐湖固体钾矿储量分析与可采规模研究［J］.盐业与化工，2013，42（12）：4-7.

［14］王兴富，李小松，王石军，等.青海盐湖低品位难开发钾盐高效利用技术［J］.中国科技成果，2016，17（17）：78-79.

［15］Song X F, Zhang M H, Wang J, et al. Optimization design for DTB industrial crystallizer of potassium chloride ［J］. Ind. Eng. Chem. Res. 2010, 49：10297-10302.

［16］Xu Y X, Song X F, Sun Z, et al. Simulation and evaluation of the performance and feasibility of two-stage industrial hydrocyclones for $CaSO_4$ removal in potassium chloride production ［J］. Can. J. Chem. Eng. , 2015, 93：736-746.

［17］李小松，任红卫，宋兴福，等. 一种用于水解光卤石的结晶器：ZL 201310040807. 3 ［P］. 2013.

［18］李浩，唐中凡，魏磊. 一种用钾混盐制取硫酸钾的方法：ZL200410038989. 1 ［P］. 2004.

［19］李鹏业. 熔盐电解法取代皮江法生产金属镁的综合技术分析 ［J］. 化工管理，2017 （25）：111.

［20］王永昌. 中国镁工业的未来——察尔汗盐湖 ［J］. 广东化工，2018, 45 （17）：113-114.

［21］刘东帆，孙淑英，于建国. 盐湖卤水提锂技术研究与发展 ［J］. 化工学报，2018, 69 （1）：141-145.

［22］纪志永，焦朋朋，袁俊生，等. 锂资源的开发利用现状与发展分析 ［J］. 轻金属，2013 （5）：1-5.

［23］李增荣，唐发满，杨尚明，等. 青海盐湖锂资源开发现状及存在问题和对策分析 ［J］. 世界有色金属，2016 （16）：47-49.

［24］国土资源部矿产资源储量司，中国地质调查局，中国地质科学院郑州矿产综合利用研究所. 重要矿产资源开发利用水平通报 ［R］. 国土资源部部门通报，2018.

［25］李喜梅. 测试技术在非金属矿开发中的作用、现状与问题 ［J］. 江西建材，2018 （9）：16-18.

［26］焦鹏程，刘成林，张华，等. 罗布泊盐湖深部卤水钾盐找矿取得新进展 ［J］. 矿床地质，2018 （1）：191-194.

［27］杨巍，吴卫红. 青海盐湖资源综合利用的路径选择 ［J］. 科学经济社会，2013, 31 （4）：69-74.

［28］周园，李丽娟，吴志坚，等. 青海盐湖资源开发及综合利用 ［J］. 化学进展，2013, 25 （10）：1613-1624.

［29］锁贺祥，何刚，毛亚旻. 青海盐湖资源综合开发利用的现状、问题及对策 ［J］. 攀登，2006 （5）：72-74.

［30］杨青. 非金属矿产的现状及相关问题的研究 ［J］. 山东工业技术，2018 （1）：58.

［31］刁润丽，王艳晓. 高岭土的综合利用现状及工艺进展 ［J］. 佛山陶瓷，2017, 27 （5）：5-7.

［32］李键灵. 我国非金属矿产业发展现状 ［J］. 建材发展导向，2017, 15 （8）：101-102.

［33］李兵. 非金属矿选矿工艺技术现状 ［J］. 有色金属文摘，2015, 30 （2）：20-21.

5 煤炭资源开发

5.1 国际科技发展状况与趋势

美国、澳大利亚、加拿大、德国等世界主要产煤国家的煤田和煤矿开采地质条件相对较好，注重采前的环境评估与监测，绿色技术体系和职工健康保障较为完善，矿山装备的自动化和智能化程度较高、使用寿命长，煤炭洗选率和综合利用程度高。相比而言，我国煤炭地质条件较为复杂，在上述方面与国外主要采煤国家仍存在一定的差距。近年来，随着欧美发达国家能源结构的调整，对煤炭的需求逐年降低，在相关理论、技术与装备的研发方面，我国正在奋起直追，某些方面已经实现了"弯道超车"。

5.1.1 地质保障

随着煤炭资源开采深度的增加，水文及地质条件呈现复杂化特点，勘查难度加大，快捷有效的地质保障系统是煤矿高产高效安全生产的必要前提。世界各主要采煤国家如美国、俄罗斯等，由于煤炭地质条件相对简单，能源生产和消费结构中煤炭所占比例较低，勘探和开发深度远远浅于我国。由于能源结构的变化，近年来西方产煤国家的煤炭勘探技术陷入低潮或停滞状态。

地质保障探测技术方面，西方发达国家主要开展了高密度三维地震勘探工作，形成了高密度三维地震资料采集、处理、解释一体化技术，极大地提高了构造复杂地区的地震成像质量。主要表现为利用万道地震仪野外小道距采集，利用超级机群室内一体化处理解释和相关处理解释一体化软件系统的研发。万道地震仪主要由 Sercel 和 CGG 等西方大公司生产，具有代表性的处理解释一体化软件主要掌握在 Paradigm、CGG 和 Schlumberger 等西方大公司手中。在微震监测技术、设备及处理解释关键技术方面，美国、英国、法国和波兰等国家处于领先地位。

煤矿水害的预防及治理是地质保障中主要的工作内容之一。国外煤炭开采前多在水文地质综合勘查的基础上采用排水疏干技术对地下水资源进行有效管理。在疏水开采技术方面，含水层预先疏干降压方法在矿井防治水中占有主导地位。疏干排水是世界各国在矿山开发中应用最广泛的一种防治水技术，国外大多采用联合疏干法或地表疏干法。

5.1.2 矿井建设

在世界范围内，随着各国能源结构的调整，欧美发达国家、油气资源丰富的传统采煤大国如俄罗斯等，对煤炭的需求逐年降低，国外尤其是经济发达国家的煤矿井筒建设工程大幅减少甚至趋于停滞，造成深井建设理论与技术研究进展甚微。

冻结凿井技术广泛应用于穿过松散不稳定地层的煤矿，以及铁、铜、钾盐矿等非煤矿山的井筒建设。随着能源结构转变，国外冻结法凿井工程已大幅减少，我国已成为冻结法凿井建设与相关技术研发的中心。截至目前，国外在厚度超过400m 的松散土层中采用冻结法建成的井筒，总计仅有 10 个，其中，冻结法凿井穿过的最大表土层厚度是苏联的雅科夫列夫矿井 2 号井（571.2m），最大基岩冻结深度是英国博尔比钾盐矿井 1 号井（930m）。深井冻结法凿井工程的不足，制约了相关理论与技术研究的发展，致使国外在深井冻结壁、冻结井壁的设计理论与施工技术方面缺乏成熟的成果，影响了工程建设的安全与质量[1]。例如，雅科夫列夫矿井冻结法凿井曾发生严重的冻结管断裂事故；博尔比钾盐矿井 1 号井掘砌时曾发生冻结壁渗漏水事故，冻结段的井壁在生产期间多次发生严重挤压变形、损坏，被迫翻修。

钻井技术可分为盲井钻井、反井钻井、竖井掘进机三类，前两类技术已发展成熟，竖井掘进机技术目前仍未成熟。国际上，钻井技术在德国、美国、加拿大等国应用最为广泛。美国钻井法建成的最大井筒深度达 1910m，是目前世界最深纪录。德国采用钻井法建成了深 1260m、直径 8.2m（国外最大）的煤矿立井。反井钻井方面，德国、美国技术与装备先进。国外反井钻机的最大钻井直径达8.2m，深度已超过千米，如美国 85R、123RM 型，德国 RH85、HG 型钻机等。国外反井法钻成的井筒最深已达 1230m。竖井掘进机方面，美国罗宾斯公司曾研制出 241SB-184 型、20-24FT 立井掘进机，俄罗斯曾研制出 CK-1Y 型无钻杆钻机，CK-1Y 型钻机建成了直径 7.8m、深 1013m 的深井，最高月进尺达 160m。德国海瑞克公司研制了 2000m 深井撑靴式掘进机（SBM）截削式立井掘进机（SBR），后者在加拿大 Saskatchewan 省某钾盐矿井（深 1000m，直径 8~9.5m）中得到使用。竖井掘进机技术对地层条件要求严格，受凿井工程数量所限，该技术并不成熟，仍有一系列关键技术难题亟待攻克[2]。

注浆法凿井技术是井筒建设通过含水层的另一类特殊工法。国外矿井建设穿过岩石含水层时，普遍采用注浆技术。但井筒工作面注浆技术，与隧（巷）道工作面注浆的差别不大，相关技术与装备可以通用。随着井筒建设深度增加、地压增大，注浆压力越来越高，对注浆浆液材料、注浆装备的要求也不断提高。为此，国外矿山建设装备制造商普遍重视注浆技术与装备的研发，在高性能、低成本、环保型注浆材料，高压、高可靠性注浆泵及配套的监测、检测装备研发方面取得了较多进展。英国博尔比钾盐矿深达 1150m 的 2 号井筒，采用水泥浆充填岩体裂隙、特制化学浆渗透充填岩石微孔隙，成功穿过了厚度超过 300m 的班特统砂岩含水层。

巷道掘进支护理论和技术方面，国外主要依据以弹塑性理论为基础的 Fenner-Talobre 理论和后续的 H. Kastner 方程[5]。美国、澳大利亚等世界主要产煤国家井工煤矿开采深度大多小于 600m，地应力较低、采动影响较小的巷道普遍采用锚杆支护技术，围岩相对易于控制。强采动巷道进行柱式、垛式支架加强支护；裂隙发育和软弱围岩巷道采用锚杆、支架和新奥法注浆等联合支护技术[6]。

在采场围岩控制方面，德国开展了较为系统的研究，通过加大工作面长度（平均长度超过 300m），实现生产集中化和节省回采巷道；在顶板裂隙分类基础上，提出支架支护强度计算公式及支架稳定性控制方法。美国、澳大利亚也开展了长壁工作面岩层控制技术研究，但由于开采深度较浅，地质条件相对简单，与我国深部煤矿有很大差异。

目前，世界主要矿业大国相继进入深部开采，超过 1000m 的矿井已有 100 余座，分布在南非、加拿大、德国、俄罗斯、波兰等国家。在深部巷道围岩控制方面，德国处于国际领先水平。德国煤矿最大开采深度达到 1750m，GTA 公司等开发出 U 型钢可缩性拱形支架、锚杆支护联合架后充填的围岩控制技术，在鲁尔、萨尔、亚琛矿区得到成功应用。德国技术的显著特点是巷道断面大（平均 $30m^2$）、工艺复杂、支护成本高昂，国内煤矿无法承受。美国、澳大利亚等世界主要产煤国家井工煤矿开采深度大多小于 600m，地应力较低、采动影响较小，巷道普遍采用锚杆支护，围岩相对易于控制。强采动巷道进行柱式、垛式支架加强支护，该技术由于劳动强度大、效率低，也不适合我国深部煤矿。

5.1.3 绿色高效开采

煤炭的绿色开采，即在煤炭开采前的地质条件精细探测和严格环境评估基础上，从源头上减少开采对环境的破坏，将与煤炭伴生的瓦斯、水等作为资源协调开采，减少开采过程中的资源浪费，在开采后环境可再造和生态可修复，实现煤炭开采经济、环境、安全效益的高度统一。目前世界上的煤矿开采都在追求绿色、高效、安全的目标，随着采煤装备能力和自动化、智能化水平的提高，绿色开采技术得到长足发展。

5.1.3.1 开采装备能力和智能化水平提升，综采面开采能力显著增强

国外的主要采煤机厂家如美国的 JOY 公司、德国的 Eickhoff 公司和 DBT 公司，研发了具有记忆截割功能的采煤机，JOY 公司的 7LS 系列和 Eickhoff 公司的 SL 系列占据着采煤机高端市场。进入 21 世纪，以惯性导航技术、煤岩性状在线

识别技术、虚拟现实技术、多传感器技术为代表的综采工作面自动化技术使智能化采煤成为可能。澳大利亚研制的 LASC 系统已在该国 50%的长壁工作面成功使用；美国研制的一整套薄煤层长壁装备，利用了最新的自动化技术，包括工作面矫直系统、煤机控制系统（ASA）、RS20 电控系统、支架人员接近保护技术、视频监测系统、红外摄像系统、煤机与支架防撞技术等，已经在煤矿取得较好的效果；德国、英国、波兰等国家的研究机构相继开展了煤岩界面、防撞技术、采煤机位置监测等相关技术研究。

在井下运输技术与装备方面，美国、澳大利亚等发达国家已研发出了高性能带式输送机动态设计软件，极大地提高了大型带式输送机的设计水平，带式输送机成本显著降低；研制的高寿命元部件，在延长使用寿命的基础上，提高了带式输送机的安全性和可靠性；研制的高密封形式托辊，运行阻力小，寿命高达 10 年以上，速度高达 6~8m/s。总体来说，国外带式输送机技术水平较高，功能多元，应用范围广，特种带式输送机类型多。

在矿井提升技术与装备方面，主要生产厂家有瑞典的 ABB 公司，德国的 GHH、DEMAG、EPR 公司和美国的 AEG 公司。国际上矿井提升装备正朝着投资合理、效益高、安全可靠、便于集中管理、高自动化的大型和特大型方向发展，单次提升量达 50t，最大提升速度达 20m/s，70%的提升装备实现了自动化控制，与之配套的交-交变频系统或大型直流晶闸管系统也已广泛应用。目前，国际企业都在致力于突破千万吨级超深矿。

随着采煤装备能力提高和稳定性、可靠性提升，矿井采区（面）尺寸不断增加，美国长壁工作面平均长度 376.7m，平均推进距离 3756m，平均截深 1m。截至 2016 年年底，有 13 个长壁工作面长度不小于 457.2m(1500ft)，最大走向长度 7900m，Contura Energy 公司开采的 Pittsburgh No.8 煤层，工作面长度 481.58m（1580ft），采高 1.98~2.13m。

在采场围岩控制方面，德国开展了较为系统的研究，通过加大工作面长度（平均长度超过 300m），实现生产集中化和节省回采巷道；在顶板裂隙分类基础上，提出支架支护强度计算公式及支架稳定性控制方法。美国、澳大利亚也开展了长壁工作面岩层控制技术研究，但由于开采深度较浅，地质条件相对简单，与我国深部煤矿有很大差异。

5.1.3.2　巷道掘进机械化程度高，多用刚性支护手段、成本高

瑞典的 SANDVIK 公司、美国的 JOY 公司、英国的 ZED 公司、加拿大的 Noranda 公司、芬兰的 Tamrock 公司等许多机构在掘进机机体位姿检测、智能快速掘进技术等方面进行了大量研究。近年来，具有代表性的是 SANDVIK 开发的 TAUROS 掘进指导系统、JOY 开发的 EBZ150C 智能型掘进机等，是国际上较为先进的智能掘进系统，并在惯性导航技术、机器视觉定位技术、iGPS 室内定位技

术、激光扫面定位技术、基于 WSN 与 UWB 的网络通信定位技术、基于可见光通信的室内定位技术等方面均得到迅速的发展，这些技术都在悬臂式掘进机的位姿检测及智能控制中得到了应用。目前，国外企业致力于硬岩巷道的智能快速掘进、大断面立井掘进机的研究[7]。

目前，世界主要矿业大国相继进入深部开采，超过 1000m 的矿井已有 100 余座，分布在南非、加拿大、德国、俄罗斯、波兰等国家。在深部巷道围岩控制方面，德国处于国际领先水平。德国煤矿最大开采深度达到 1750m，GTA 公司等开发出 U 型钢可缩性拱形支架、锚杆支护联合架后充填的围岩控制技术，在鲁尔、萨尔、亚琛矿区得到成功应用。德国技术的显著特点是巷道断面大（平均 30m²）、工艺复杂、支护成本高昂，国内煤矿无法承受。美国、澳大利亚等世界主要产煤国家井工煤矿开采深度大多小于 600m，地应力较低、采动影响较小，巷道普遍采用锚杆支护，围岩相对易于控制。强采动巷道进行柱式、垛式支架加强支护，该技术由于劳动强度大、效率低，也不适合我国深部煤矿。

5.1.4　安全生产与职业健康

欧美等发达国家对灾害严重的煤矿采取了有计划关闭政策，现有开采方式多为露天开采，井工开采的煤矿煤层埋藏浅、赋存稳定，地质条件简单，灾害较少，在百万吨死亡率和尘肺病发病率等指标方面远低于我国。

在煤与瓦斯共采方面，目前美国、澳大利亚、加拿大等是世界上开采瓦斯较成功的国家，多以地面抽采为主，煤矿井下抽采为辅，其开发利用无论在技术水平还是在产业化方面均居世界前列。煤层地面压裂增透技术相对较为成熟，在美国黑勇士、皮申斯、尤因塔、拉顿、中阿巴拉契亚、北阿巴拉契亚等盆地均采用压裂来进行瓦斯开采，有 90% 以上的煤层是通过压裂改造获得商业化产量的。

在煤矿防灭火方面，美国矿务局研制了一种可充气的高倍数泡沫发生器，可用于快速密封火区，通过管路向火区注入灭火泡沫控制和扑灭火灾。美国矿务局还提出了一种由液氮和颗粒状二氧化碳组成的低温浆材灌注方法，用于矿井火区的快速灭火。国外在自燃气体快速检测、井下火源定位探测方面开发了相关技术及装备，如美国安捷伦公司生产的 Agilent 490 便携式气相色谱仪采用了高精度热导检测器及微电子系统技术，能够在事故现场快速、准确地进行不同浓度气体的分析化验；美国 FLIR 公司的 B620/660 红外热像仪有一个像素为 640×480 的高分辨率探测器，能够更为精准、清晰地探测到更远的距离，可以快速准确地确定煤自燃位置。

在矿井通风安全方面，美国密执安技术大学和美国矿业局编制的通风软件 M FIRE2，美国矿井通风协会开发的 CLIMSIM 和 VNETPC，波兰科学院研制的 Mine Fire Simulation 软件在一段时期内代表了矿井通风计算软件的最高水平，在世界范围内得到了较好的应用与推广。美国、澳大利亚等国外矿井已实现井下风量、粉尘、有害气体、温度、湿度的自动检测，计算机管理系统的智能化分析，基本实现了井下通风设施与通风机装置的自动化控制。

在职业健康与防尘方面，美国构建了 EPA 吸入风险评估模型，可对各类有毒有害物资摄入而导致的工人职业健康风险进行评估，在发达国家获得了推广应用。同时，美国构建了 21 世纪智慧型国家职业健康安全监测系统，揭示工作与伤害和疾病之间关系所必要的数据和分析，劳动者伤害或患病的信息以及随时间变化的规律，实现工人职业健康状态的动态评估。德国、巴西、南非等国家引领着矿井热害治理技术。南非研制了 628MW 的冰冷却制冷降温系统和压缩空气制冷系统；德国研制出蒸汽型溴化锂制冷机组；波兰研制出涡流管式空气制冷装置，这些国家研制的设备在系统可靠性、整机性能、应用效果方面处于国际领先地位。国外综采面通过注水减尘、采煤机割煤喷雾降尘、破碎转载密闭抽尘净化、移架喷雾降尘等技术的应用，使呼吸性粉尘降尘效率达到 70% ~ 80%。国外综掘面通过注水、控尘、抽尘净化、喷雾降尘等技术，呼吸性粉尘降尘效率达到 95% 以上。国外在煤矿降尘技术、装备研发上处于引领地位。

在煤矿安全监控与应急救援方面，美国、澳大利亚等国家研发了基于网络技术和集成电路技术的矿用传感器设备，具有数据测量和远程控制双重功能；构建了基于互联网技术的监控网络，形成了开放系统互连模型的集散系统结构，能够自动分析监控数据、自适应参数控制、主要通风机风量自动控制、井下应急通信等。波兰、加拿大、南非等在冲击地压微震监测技术、装备开发应用方面居世界前列，其中波兰的 SOS、ARAMIS M/E 微震监测系统，加拿大的 ESG 微震系统，南非 ISS 微震系统等的技术成熟度和国际市场占有率最高。波兰开发了 PASSAT 地震 CT 探测技术。美国、澳大利亚、巴西等国开发了大直径钻井设备、应急通信和移动救生舱等避难设施，其安全监控系统的核心芯片、先进的传感元件、系统稳定性方面处于领先地位。

5.1.5 分选加工与综合利用

世界主要产煤国原煤入选率平均在 80% 以上。美国原煤入选比例高达 90% 以上，德国、加拿大的原煤入选比例已达到 95%，英国煤炭资源已近枯竭，但原煤入选比例达到 100%，并且对一些进口商品煤进行再次洗选加工[8]。

美国、加拿大等西方主要产煤国，原煤中中煤和夹矸煤很少，不需要很高的精度就可以获得很好的分选效果。就煤炭分选工艺而言，根据块煤和末煤的煤质、分选密度不同，采用分级分选方式。国外的进展并不显著，仍以比较典型的选煤工艺为主导，比如块煤重介浅槽、粒煤重介旋流器、粗煤泥螺旋分选、煤泥浮选等分选工艺。有一些新型的设备和相应工艺得到应用，比如 TBS（干扰床）

和 RC 用于粗煤泥分选、超细筛（45μm（325 目）甚至更细）用于脱泥等，但都远未达到广泛普及的程度。

大型化、机电一体化、自动化和智能化是世界主要产煤国选煤装备发展的主导方向[9,10]。比利时研制了 50m² 振动筛；美国生产了单槽容积为 127m³ 的维姆科浮选机、过滤面积为 400m² 的圆盘真空过滤机和 φ1500mm 的卧式振动离心脱水机（处理能力达 300t/h，产品水分为 5%～9%）；德国制造了 40m² 的等厚分级筛、处理能力为 1500m³/h 的 Ekoflot-V 浮选机、过滤面积 1800m² 的箱式压滤机；英国制造了处理能力达 4000t/h 的分级破碎机、有压给料圆筒形重介质旋流器和 φ1200mm 圆筒重介质旋流器等；日本研制了 φ750mm 倒立式旋流器和可变波形跳汰机。

5.1.6　矿区生态保护与修复

矿区生态修复起源于美国、德国等发达国家，且主要是从露天煤矿生态修复开始，国际上平均土地复垦率达到 50%～70%。经过长期研究与实践，在生态修复规划、土壤重构、地貌重塑、植被恢复、采复一体化工艺、修复设备与材料、复垦区环境管理等方面取得一系列成果，并已形成法规和技术规范。目前，研究重点是矿区生态扰动影响、生态修复效果、土壤和生态系统长期演变机理、近自然地貌重塑等，其中土壤剥离贮存与科学重构、表土替代材料与土壤改良、植物筛选、群落配置与植被恢复、侵蚀控制、采复一体化工艺与设备等一直是国际矿区生态修复领域的研究重点。整体上来看，矿山生态修复已从单一生态环境要素修复，转向生态系统结构及其生态功能的恢复；从扰动斑块尺度上升到景观生态或流域/区域尺度；从依赖于人工修复转向自然修复与人工修复相结合互补的方向发展。此外，德国、加拿大、澳大利亚等国家制定了关闭矿山规划、生态风险防控等技术标准与管理制度。

德国矿区生态保护与修复的主要特点是：

（1）将土地复垦与生态修复视为采矿过程的组成部分，从建矿伊始就受到高度重视。

（2）2017 年年底德国煤矿全部关闭，关闭矿山复垦和生态修复成为主要问题，同时关闭后工业广场、采矿迹地和工业厂房等不动产受到企业广泛关注。德国鲁尔矿区环境治理与生态修复已经成为全球范围内矿区生态恢复典范。

美国煤炭资源丰富，位居世界第一。美国较早开始了土地复垦，具有较完备的制度，矿山企业土地复垦要求土壤保护、水源保护和植被恢复相结合，将恢复和改善生态环境作为第一目标。

澳大利亚作为以矿业为主的国家，土地复垦已经取得令人瞩目的成绩，被认为是世界上先进而且成功地处置扰动土地的国家，已形成以高科技指导、多专业联合、综合治理开发为特点的土地复垦模式。近年来，澳大利亚联邦政府针对提高矿山企业土地复垦质量的目标，制定了土地复垦标准。如澳大利亚博文盆地（Bowen Basin）煤矿企业土地复垦质量控制指标主要考虑：

（1）土壤中常量和微量元素是否充足；

（2）复垦植被结构参数是否在标准偏差内；

（3）复垦树种是否具有繁衍能力；

（4）杂草管理是否成功。

虽然美国、加拿大等国家限制对煤炭资源开采与使用，英国、法国、德国等发达国家基本停止开采，但由于过去几十年累积了大量的矿山废弃地，亟待大规模修复，这些国家的土地复垦与生态修复仍在继续深化，并在废弃地生态功能恢复、新型生态系统建设、自然恢复技术、生态修复与区域社会经济系统耦合等多个方面展开研究。与此同时，印度、印度尼西亚、巴西等发展中国家煤炭开采量在上升，土地复垦与生态修复研究活动正在兴起。

5.2 我国煤炭资源开发科技创新的进展

由于我国煤炭资源"东贫西富""东深西旱"的禀赋条件，制约着国家煤炭工业的可持续发展。为解决煤炭工业发展所面临的困难，"十一五"以来，在国家973计划、863计划、国家科技支撑计划、国家科技重大专项、国家重点研发计划等国家重大科技项目的支持下，煤炭行业围绕"安全、高效、绿色、智能"的目标，通过大型煤炭基地建设，推动煤炭开发技术革命，重点开展大型深部矿井快速建井、复杂地质条件下的安全绿色开采、煤机装备智能化、低品质煤提质、矿区生态保护与修复等技术与装备攻关，推动了与资源环境协调的生态矿山、安全高效保障的智慧矿山以及煤炭清洁加工与综合利用示范工程建设，促进了煤炭集约化开发，为煤炭产业转变发展方式、提质增效提供了强大的科技支撑，取得了较大的成果。

5.2.1 地质保障

我国矿井地质保障系统所取得的关键技术包括导水裂隙发育带的综合物探技术、矿井瞬变电磁法和电磁波层析成像技术、矿井涌水量计算与评价、煤矿水害模型的建立和预测、煤矿水害防治的辅助决策等，在矿区地质条件具有整体性、多变性和不可预测性的情况下，为矿井提供安全保障。

5.2.1.1 高密度三维地震勘探技术系统取得突破性进展

在煤炭高精度地震勘探、矿山多波多分量和岩性地震勘探理论体系基础上，建立了小断层、陷落柱等矿山隐蔽致灾地质体探测方法技术体系，为煤矿高效安全生产提供了有力的地质保障，赢得了良好的社会声誉。全数字高密度三维地震技术在煤矿采区地震勘探中广泛应用，达到了查明断距大于 5m 断层、直径大于 20m 陷落柱的勘探精度；在万道采集系统方面，研发了万道地震仪，虽然还没有进行大范围的商用，但也解决了有无的问题；在处理、解释一体化软件方面，部分企业和科研院所也相继推出了各自的处理、解释一体化软件，如 GeoEast 和 News 软件，实现了地震资料的精细化解释。

5.2.1.2　矿井地球物理综合勘探技术实现了跨越式发展

研发出基于节点采集技术的矿井地震仪，将传统的分布式地震仪器的主机、采集站、交叉站、电源站等融为一体，煤矿井下槽波地震进入无大线、无主机时代，井下槽波地震已实现 CT 透视、单巷道发射接收和掌子面超前探三种工作模式；矿井直流电法实现了掘进工作面超前 80m 异常体探测；音频电穿透仪实现了 280m 宽度工作面内部探测和工作面顶、底板富水区探测，工作面内含水老窑、陷落柱等构造平面分布探测，成功将地面瞬变电磁勘探技术应用到井下巷道中，解决了瞬变电磁法全空间理论问题、巷道空间影响问题及各种干扰体的校正技术。研制了本安型、大电流煤矿灾害水源井下瞬变电磁探测仪设备，仪器较为轻便，实际发射电流达到 3.5A，具有实时显示及连续对比显示功能；研发出矿井瞬变电磁超前探查资料快速处理与解释系统，特别是成果图件的显示更直观、清晰。

5.2.1.3　矿井水害防治技术取得重要进展

在大型水体下采煤方面，以微山湖下、龙口海下和小浪底水库下安全开采为代表，形成了包括大型水体下安全开采评价理论和方法、顶板覆岩破坏规律探测和计算、隔水层综合阻水能力评价、水体下安全采煤等系列关键技术，并逐步趋向成熟。高承压含水层上采煤，提出了隔水关键层理论和奥灰上段隔水性评价方法，形成了基于矿井突水成因机制的中长期预测方法和基于突水前兆信息演化的动态监测预警预报技术，发展和完善了包括底板含水层疏降、底板注浆改造和隔水关键层利用三大系列的水害防治技术，大幅度降低了矿井水害防治成本。在突水溃砂灾害防治方面，针对我国西部矿区侏罗-白垩系煤田多次发生的突水溃砂灾害类型，研究了西部富煤区域地层结构与水砂运移机理、高强度开采条件下覆岩破坏机理和突水溃砂灾害形成机理，提出了突水溃砂灾害和环境损伤预测方法，形成了一系列突水溃砂灾害防治技术。在离层水害防治方面，针对近几年我国引起高度重视的顶板离层水害问题，开展了多角度的研究，阐明了各种离层水害的形成机理、控制性影响因素和致灾诱因。针对离层水害特征，提出了控制离层空腔的形成、切断离层空腔补给水源、导流离层空腔已有积水为基本思路的防治技术。初步形成了离层空间注浆、离层水预疏放等防治技术。

5.2.1.4　矿井突水重大灾害实时监测预警技术取得重大突破

采用网络物理系统（Cyber Physical System，CPS）技术，设计并搭建了由矿区井下系统、网络物理地面系统和远端互联网系统所组成的水害监测预警体系结构，系统具备网络化、分布式、智能化特性，具有较高的可定制性和可扩展性。研发了工作面可控源电磁监测技术，开发首套多通道、分布式可控源电磁监测系统，可远程控制，动态响应范围大、精度高，能够实现井下电磁响应信号的实时动态采集与处理，为采动过程中地下水赋存与运移状态的电磁监测技术奠定了硬件基础；研发了全波形多通道岩体声发射+微震监测系统，与传统微震设备相比，该系统采用 PCI 总线结构，能够实现 27 通道的同步采集，传感器实际采集频率 0.022~220kHz，频带范围更宽，相对误差小于 10%，采用最小二乘与单纯形联合快速定位方法，定位误差小于 5%；研发了水质在线分析系统，实现了涌水水质的实时在线监测，激光诱导荧光探测结合电导率、pH 值监测、水温、涌水量分析，综合识别准确度高。目前已在矿井水害智能监测预警、矿井突水水源多元快速判别、导水通道综合精细定位、过水大通道快速封堵截流、高效高可靠性大流量抢险排水、水灾应急决策支持系统等多项技术和装备方面取得重要进展，正在形成水害高效防控与水灾快速救援技术装备体系。

5.2.2　矿井建设

5.2.2.1　深厚复杂岩土层冻结法凿井技术跃居世界领先水平

（1）深厚土层冻结法凿井技术。冻结法是深厚表土等松散不稳定地层中立井建设的最主要与最有效工法。为开发 600~800m 特深厚表土层下的煤炭等矿产资源，现已研究掌握了深部超低温（平均温度-20~-18℃）、大厚度（10~12m）冻结壁的力学特性及其设计方法，多圈孔（3~4 圈）冻结温度场发展规律及其分圈异步控制冻结技术，高强高性能混凝土（C100、CF90）冻结井壁设计及施工技术，以及冻结管断裂防治、井壁防裂抗渗漏、适应土层沉降的内层可缩井壁等技术，形成了成熟的特厚表土层冻结法凿井理论与关键技术。2012 年，龙固煤矿北风井穿过表土 675.6m，创冻结表土世界纪录。2016 年，万福煤矿副井以 754.96m 冻结表土厚度，将世界纪录再次刷新。

（2）深厚富水岩层冻结法凿井技术。我国西部矿区深大立井建设过程中，在白垩系弱固结砂岩强度低、扰动后易泥化、以孔隙微裂隙含水为主造成注浆法治水难以奏效的背景下，普遍采用基岩冻结法凿井技术。针对富水岩层段的冻结壁、井壁缺乏可靠的设计理论、井壁设计厚度大且易开裂、凿井中突涌水事故多发等一系列重大理论与技术难题，考虑井筒开挖效应及"未冻结岩层-冻结壁-井壁"的相互作用，研究提出了孔隙含水岩层中冻结壁、井壁的设计理论与方法，研发了基岩单层冻结井壁结构及施工技术、裂隙岩体地下水渗流条件下的冻结技术、冻结孔固管封水缓凝水泥浆材料及施工技术，突破了深厚富水岩层中冻结法凿井的技术瓶颈，基岩冻结深度分别达到 915m、950m，其中后者超过英国博尔比钾盐矿的基岩冻结深度，创造了新的世界纪录。

（3）深长斜井冻结法凿井技术。针对我国西部表土及孔隙含水弱固结软岩层中斜井竖直孔冻结造价高、冻结壁与井壁设计缺乏成熟的理论等重大技术难题，针对斜井工程的特点，研发了斜井冻结壁设计及冻结方案优化技术、斜井井壁设计技术、斜井井壁抗渗漏技术、斜井掘砌信息化施工技术等，为斜井建设提供了安全保障。在国家863计划课题"500m斜井冻结法凿井关键技术与装备"资助下，研制成功了倾斜冻结孔专用钻机样机及相应的冻结工艺，为斜井沿轴向冻结技术的后期工业性试验、进一步研究完善创造了条件。

目前，我国采用冻结法成功凿井1100余个，其中穿过400~500m表土的井筒48个，穿过500m或更厚表土的井筒为32个，穿过表土层的最大厚度为754.96m；国际上，冻结法穿过表土层的最大厚度，俄罗斯为571.2m，德国为543.5m。总体而言，我国冻结法凿井技术已位于世界领先水平。

5.2.2.2 大直径超深立井高效凿井技术与装备达到世界先进水平

为满足建设最大井深达1600m、净直径8~12m的大直径超深立井安全、优质、高效建井的需要，研制了Ⅵ、Ⅶ等系列新型凿井井架，滚筒直径达5m、容绳量1600m、最大静张力达410kN超深立井凿井提升机，容积为6m³、7m³、8m³的座钩式吊桶，4m³底卸式吊桶及配套的钩头装置。同时，还研发了1200m深井注浆技术与装备、立井深孔分阶分段掏槽及周边定向断裂控制爆破技术、新型液压凿岩机、装岩机、迈步式凿井吊盘与液压模板等，构建了超大直径深立井注浆防治水、高效爆破、装岩与支护的施工工艺，实现了大直径超深立井的安全高效绿色施工[11]。

深大立井成套的关键技术与装备，在营盘壕煤矿主井、纳林河2号副井、磁西1号井副井、思山岭铁矿副井等的建设中得到成功应用。其中纳林河2号副井开挖直径达15.5m，创造了世界煤矿井筒建设直径的最高纪录；磁西1号副井深度1340m，创造了国内煤矿井筒建设的最深纪录；思山岭铁矿副井的深度则达到1503m[13]。

5.2.2.3 深厚土层大直径钻井技术与装备实现了重大突破

钻井法是土层中立井井筒建设的另一特殊凿井法，是目前机械化程度最高的立井建设方法，但其建井能力、应用规模主要受钻机性能、数量所限制。因此，钻井法在国内主要应用于土层中立井井筒建设；对于岩石地层，由于对钻机扭矩、功率要求较高，经济性较差，煤矿立井建设较少采用。

为在特厚表土层中钻进大直径井筒，我国相继研制了AS12/800、AD120/900和AD130/1000型竖井钻机，其中AD130/1000型钻机仅需两级钻进即可达到13m直径，最大钻深提高到1000m。同时，研发了"一扩成井"、钻-注平行、深井钻进高性能泥浆、高强混凝土钻井井壁、井壁下沉稳定性控制、壁后充填材料与固井充填等关键技术等。上述技术与装备的应用，创造了我国钻井法穿过土层最大厚度 584m、钻井深度达到 660m、最大钻井直径 10.8m、最大成井净径直径超过 8.3m 的最高纪录，为 600m 以浅土层段的深大立井施工提供了除冻结法之外的另一重要选择。

我国反井钻机目前主要仍以 BMC 系列为主，钻井直径为 0.75~5m，成井深度最大为 600m；目前我国大直径反井施工成井深度的纪录是 562m。依托 863 计划课题"矿山竖井掘进机研制"，研发了 MSJ5.8/1.6D 型竖井掘进机，该掘进机采用直径 1.2~1.8m 的先导孔向下排渣，钻井直径 5.8~6.4m，最大推进力 6000kN，最大扭矩 1000kN·m，总质量约 170t，钻井深度可达 800m。同时，还研发形成了配套的机械破岩、导孔溜渣、掘进支护平行作业的竖井掘进机凿井工艺。

斜井全断面机械化掘进方面，开展了斜井盾构技术研究，利用自行研制的双模式盾构机，建成了全长 2744.54m（TBM 段 2718.224m）、垂深 276.8m、净直径 6.6m 的补连塔煤矿主、副斜井，为我国斜井建设向全面机械化施工迈进做了重要探索。

5.2.2.4　巷道支护理论、技术、材料和装备取得创新性进展

巷道支护方面，提出了锚杆支护围岩强度强化、高预应力强力锚杆支护和锚杆锚索协调支护等理论；开发了深井动压影响巷道无煤柱沿空留巷技术和煤矿冲击地压预测与防治成套技术。研制了超细水泥基、聚氨酯基和高水速凝等注浆材料。发明了煤矿巷道围岩多参数地质力学测量方法和煤矿冲击地压预测与防治成套技术及配套仪器，发现了井下地应力场变化规律，揭示了煤矿冲击地压发生机理，给出了判别准则，并在 40 余个矿井应用。

研制出复合型阻燃抗静电剂，攻克了透水不透浆的高强度纤维布织造技术难题；建立了柔模混凝土施工作业线、柔模混凝土制备输送机组与沿空留巷自动围护装备，填补了国内外相关方面的空白。该技术在羊渠河煤矿、陕煤化集团榆阳煤矿、陕煤化集团黄陵矿业公司双龙煤矿等 50 多个煤矿得到应用，提高煤炭回收率 10% 以上。据不完全统计，截至目前，应用该技术已减少回采巷道 54000 余米，多回收煤炭 700 余万吨[14,15]。

5.2.3　绿色高效开采

5.2.3.1　煤炭科学开采理论体系得到进一步的完善

"十一五"以来，煤炭开采业得到了快速发展，同时也暴露了一些问题，如产能增长过快、损害环境、资源回收率较低、开采技术和安全状况发展不平衡等。在钱鸣高院士提出的"煤矿绿色开采"和"科学采矿"理念的基础上，谢和平院士等提出了煤炭科学产能概念及内涵，从安全生产、机械化或自动化开

采、共伴生资源共同开采、保护环境、降低开采直接成本、资源利用最大化、科学规划等方面详细阐述了煤炭科学开采的基本要求，提出了我国实现煤炭科学开采需要从技术进步、思想观念、法律法规、基础研究与人才培养等方面入手，提出了煤炭开采今后需要在采矿开挖卸荷与偏应力作用、采动应力场动态变化、深部煤岩体的力学行为、煤岩柱的长期强度、采场的系统刚度等 10 个方面加强研究。煤炭科学开采理论体系得到进一步的完善[16,17]。

5.2.3.2　岩层控制理论与实践取得较大进展

岩层控制是煤矿安全高效开采的基础。完善了"灾害机理-控顶技术-监测预警"的顶板灾害防治技术体系。研发了采空区应力在线监测系统，监测应力最大可达 30MPa。围绕采动应力场演化-岩体变形破裂过程-支护围岩作用关系为主线展开巷道矿压的系统研究，形成了一整套"顶板安全、结构稳定、变形可控"的煤矿巷道围岩控制理论和技术，建立了基于锚杆支护系统允许变形量的巷道顶板离层预警指标，研发了巷道顶板离层在线监测预警系统，监测深度达到 20m，可监测离层量 500mm，分辨率为 0.1mm。提出了坚硬顶板水力致裂控制的原理，揭示了煤岩体水力致裂的细观机理和裂缝扩展规律，提出了系统的煤岩体水力致裂控制方法。发明了基于微震、地音、电磁辐射以及钻屑法相结合的冲击矿压多参量分级分区预警技术，建立了冲击地压远程在线监测预警平台。开发了 14m 以上特厚煤层大采高综放开采技术和成套装备，解决了我国难采厚煤层安全、高效开采的技术难题。该成果获 2014 年国家科技进步奖一等奖。

5.2.3.3　智能化开采装备系统取得重大突破

我国对综采工作面智能化技术研究起步较晚，经过多年的技术引进及消化吸收，我国煤炭开采技术及装备取得了重大进步，推动了煤矿安全高效绿色开采技术的发展。在 863 计划重点项目"煤矿井下采掘装备遥控关键技术"、973 计划项目"深部危险煤层无人采掘装备关键基础研究"及国家发改委、财政部、工业和信息化部智能制造装备发展专项"煤炭综采成套装备及智能控制系统"的支持下，提高了采煤装备的设计制造水平，并实现了采煤机记忆截割、截割模式识别、液压支架自动控制、综采工作面成套装备协同控制等，建成了采煤机综采自动化工作面，为智能化开采奠定了基础。2018 年，我国研制出了世界首套 8.8m 采高特厚煤层综采工作面设备，打造出了全世界单井单面产量最高、效率最优的 1600 万吨特级安全高效矿井，填补了国内乃至世界特厚煤层综采工作面一次性采全高的技术空白，是高端采煤装备国产化进程中的一项重要突破。

掘进自动化技术以远程可视控制技术、自动截割轮廓成形控制技术、遥控技术、工况监测和故障诊断技术为代表。在 863 计划项目"智能化超重型岩巷掘进机研制"的支持下，攻克了掘进机截割工况识别和截割转速自动调节技术、岩巷掘进防卡链技术、大断面岩巷截割稳定性技术、岩巷掘进干式除尘技术、综掘超前探测技术等难题，研制出智能化超重型岩巷掘进机，提高了综掘工作面的机械化与自动化程度。由我国企业自主开发的"掘支运三位一体高效快速掘进系统"成巷速度提高 4 倍多，大幅减人提效，刷新世界纪录，并在黄陵矿业集团、阳泉煤业集团、山西潞安矿业（集团）有限责任公司等企业推广使用。我国自主研制的全球首台长距离大坡度煤矿斜井盾构机成功地在隧道掘进中应用，取得了月最高进尺 1034m 的好成绩。

近年来，我国在提升技术与装备方面取得了一些重要进展。在提升系统设计方面，在 973 计划"超深井大型提升装备设计制造及安全运行的基础研究"等项目的支持下，研制了由双绳缠绕式提升机、天轮平衡调节系统以及状态监测系统等组成的双绳多层缠绕式超深立井提升系统，形成了双绳多层缠绕式提升机驱动、制动技术，双绳平稳出绳以及张力与姿态调整技术、提升系统全状态监测技术。目前，已建成样机系统并完成了验证性实验，正在着力开展推广应用工作。在大型提升容器设计与制造方面，我国自主研发了大吨位提升容器，大型箕斗单次输送量达 50t、大型罐笼可输送设备的大小（长×宽×高）达 8.5m×3.8m×4.5m；开发了矿井提升系统成套安全保障技术，推广使用的矿区，提升安全重大事故率为零。使得我国大型提升容器及安全保障关键技术实现了跨越式发展，价格仅为进口设备的 60%～70%。该项成果获得了 2015 年国家技术发明奖二等奖。

在运输技术与装备方面，世界首套智能控制刮板输送机研制成功，自主研发的世界最长 6000m 单点驱动顺槽胶带机投入使用。矿山长距离大运力带式输送系统及其安全保障关键技术的研发，突破了制约矿山长距离大运力带式输送系统柔性起动、自适应制动、沿线张力控制、空间转弯和安全保障等共性关键技术难题，实现了国产化，引领了我国带式输送行业的技术进步，在神华集团有限责任公司、中国中煤能源集团有限公司、印度煤炭有限公司等企业大规模推广应用，其中柔性启动、自适应制动和安全保障等技术在全国 7000 多台带式输送系统上推广应用，并出口越南、吉尔吉斯斯坦、埃塞俄比亚等国家。

5.2.3.4　煤矿充填开采、无煤柱开采、保水开采等绿色开采技术取得系列进展

在充填采煤岩层控制理论、固体充填、膏体充填和高水充填技术、地面离层注浆控制地表沉降、井下煤矸分选等方面取得了一系列研究成果。发明了覆岩离层注浆、超高水材料、膏体材料和固体废弃物等充填方法，研发了井下煤矸分选系统与方法，解决了资源井下开采沉陷控制及矿区固体废弃物规模处理的难题，形成了煤矿井下采充一体化技术体系。"综合机械化固体废弃物密实充填与采煤一体化技术"获 2012 年国家技术发明奖二等奖。

深部开采工作面围岩大变形作用机制与控制理论、无煤柱沿空留巷矿压及支

护理论取得重要进展，成功开发了无墙体自然切顶沿空留巷技术和双锚索微增阻大变形围岩控制技术，提出了无煤柱连续开采和煤巷高效支护理论，发现了无煤柱连续开采和巷道围岩智能控制的技术原理及矿压分布特征及控制对策，解决了巷道顶板安全监测的重大技术难题，形成了智能成巷的高效支护与快速掘进、自然沿空留巷无煤柱连续开采技术。

在国家 973 计划"我国西部煤炭开采中的水资源保护基础研究"等项目支持下，针对煤炭资源开采诱发的生态环境损伤问题，围绕生态-水-煤系地质类型分区、采动覆岩运动多场耦合作用机理和水资源保护性开采控制机理开展了大量的基础研究，创新基于水资源承载力的矿区规划与开采设计方法，初步建立了西部生态脆弱矿区保水采煤基础理论，成功开发了基于浅表水资源保护的高效采煤关键技术和地下水转移贮存的地下水库建设技术，有效地解决了部分大型煤炭基地高效采煤、水资源匮乏与生态环境脆弱之间的矛盾。

5.2.3.5 提出了煤与煤系伴生资源协调开采理念，探索了矿井闭坑的基本问题框架，定义了矿井全生命周期的概念

煤系伴生资源种类多且储量丰富，可由传统的仅开采煤炭转变为煤与煤系伴生资源协调开采，提出了煤与煤系伴生资源协调开采的工程背景、科学问题、关键技术、实践等基本问题框架；提出了伴生开采品位的概念；随着闭坑矿井的数量增多，其带来的安全与环境问题日益突出，且闭坑矿井的大量地下空间可以利用。从采前的科学规划，采中的科学开采，采后的安全治理、生态保护和科学利用等方面明确了"矿井全生命周期采矿"的内涵[18]。

5.2.4 安全生产与职业健康

5.2.4.1 完善了煤层卸压增透机理及瓦斯抽采技术体系，煤与瓦斯共采的理论与实践取得突破

提出了深井首采层无煤柱沿空留巷替代预先布置的专用瓦斯抽采岩巷，改 U 型通风为 Y 型或 H 型通风方式，在留巷内布置钻孔连续抽采采空区卸压瓦斯的新思路和方法；成功实现了基于锚杆支护的留巷围岩控制、无煤柱 Y 型通风煤与瓦斯共采。在国家 973 计划"深部煤炭开发中煤与瓦斯共采理论"等项目支持下，在高压注水、水力冲孔、水力致裂、水力割缝等水力化煤岩体改造、增透及防治瓦斯方面开展了大量的研究工作，取得了一系列研究成果。结合淮南、晋城等矿区在采动力学及煤层增透理论、煤层瓦斯吸附解析及流动运移机理、卸压开采抽采瓦斯技术、无煤柱煤与瓦斯共采技术、高瓦斯煤层群煤与瓦斯安全高效共采技术、全方位立体式抽采瓦斯技术、深部薄厚煤层瓦斯抽采技术等方面取得了重要进展，并进一步将煤与瓦斯共采理论技术体系推进到深部与高强度开采条件。

5.2.4.2 典型煤矿动力灾害机理、综合多参量灾害预警等安全生产保障技术取得了较大进展

针对煤矿生产中矿井火灾、粉尘、热害、冲击地压等灾害，研究揭示了煤自燃机理，开发了煤自燃阻化、泡沫防灭火、惰气防灭火、凝胶防灭火以及火区快速密闭、堵漏风技术等，研发了煤矿火灾分布式光纤监测系统；粉尘防治转向治理呼吸性粉尘，开发了粉尘连续在线监测技术及传感器，针对井下各尘源点研发了泡沫除尘等新技术和装备；研发了以矿井涌水作为冷源的矿井高温热害控制HEMS技术、天然冷源（恒温水）及冷水机组联合运行的矿井降温技术、冰浆潜热输送矿井空调技术、矿井降温制冷的天然制冰降温技术、矿井散热回收降温系统和矿用大温差乙二醇空调装置；发展和完善了深部典型煤矿动力灾害理论、防治体系、技术方法和装备，提出了瓦斯与冲击地压耦合灾害预测与防治技术，研发了冲击地压微震监测技术、应力监测系统、声电监测技术及多参量综合预警集成监测平台。发展了煤层大直径钻孔卸压和顶板预裂防冲技术，显著提高了冲击地压灾害防治效果；开发了矿井通风可视化系统，矿井灾变时期风流控制和救灾决策辅助系统等。

5.2.4.3 煤矿重大灾害预警与防控体系得到进一步的完善

煤矿重大灾害预警与防控系统按照"监控有效、全面覆盖、安全可靠、先进适用"的原则进行布置，经过多年的建设，目前现代化矿井已建立了统一的宽带网络传输平台、信息处理平台、数据库和数据中心，功能齐全、多专业集中的矿井调度控制中心。构建了瓦斯抽采监控系统、水文监测、火灾监测、采煤工作面监控、主要通风机监控、井下排水监控、矿井供电监控等自动化子系统，并通过矿井工业控制网络接入集成监控平台，基本实现了矿井通信、调度、信息管理、安全保障、应急避险等功能的集中统一调度。部分矿井建立了矿井灾害专家决策支持系统，实现了对重大危险源的识别、预测、预警，提高了灾变防控能力与应急救援水平。国家按照服务半径规划建设了7支国家级矿山救护队和14支区域矿山救护队，配备了应急排水、大直径抢险钻孔、人员提升等现代化装备，大幅提高了灾变的应急救援效率和机械化水平。

5.2.4.4 煤矿职业健康保障体系逐渐完善

煤矿职业健康关系人民群众切身利益，但我国职业健康保障的法律法规体系仍处于探索和修正阶段，面对可能的多部门协作管理的局面，例如各种职业危害因素、治病机理等由卫生部门协助参与完成，加强了科研单位在职业健康保障体系建设的作用，以特定的部门定期对相关技术内容进行更新。党和国家越来越重视煤矿职业健康工作，出台了一系列有关煤矿职业健康的法律、法规，国家安全监管总局制定颁布了7个部门规章、30项职业卫生技术标准，把煤矿职业健康与安全生产实施一体化监察，在保障生产工艺升级改造、职业病危害预防和控

的原煤有效分选问题,并研究开发高可靠性的配套装备,构成难选煤分选工艺系统,实现粗细粒级煤按"等基元灰分"分选,建设单系统、单机处理能力为2.4Mt/a示范厂,精煤产率提高1%~2%。

5.2.5.7 煤中矿物资源与二次资源综合利用技术取得较大进展

在矿山废弃资源综合利用方面,以降低废弃物排放为主的煤中矿物资源综合利用技术、以构建矿业园区水循环利用为主的矿区水绿色净化与循环利用技术取得了较大进展。在低变质和低品质煤泥综合利用方面,以加工过程为基础,以强化为手段,形成了包括技术、装备与药剂在内的低阶煤泥高效分选技术体系,实现资源回收和利用。开发了粉煤灰高效脱碳成套技术与装备,并建立了示范工程,粉煤灰资源综合利用率不断提高。

5.2.6 矿区生态保护与修复

绿色发展是我国的发展理念,煤矿区生态保护与修复是保障矿区绿色发展,构建绿色矿山的关键。近年来,在矿区生态保护与修复的理论、技术、法规和监管等方面取得了显著成果。

5.2.6.1 丰富和发展了资源开发区生态环境全景立体协同观测方法体系

研发了面向资源开发的生态环境星-空-地-井多平台集成立体监测、灾害预警、应急调查关键技术,提出了矿区典型环境与区域协同监测技术方法并成功示范应用,为地理矿情监测和矿区生态环境综合整治提供技术支持。初步建立了集成无人机UAV、热红外成像仪、GNSS、InSAR等煤火地空一体化探测诊断技术方法,研究构建了工矿城市大气环境质量监测系统,成立了全球煤炭开发利用环境效应遥感观测国际工作组。依托江苏、河北、内蒙古及东北等矿区生态监测示范工程,开展了矿区土壤重金属等时空间分布的高光谱遥感探测,为矿区污染土地修复等综合整治提供了先进技术。深入研究了煤炭开采对植被-土壤质量与碳汇的扰动评价方法。

5.2.6.2 煤矿区土地复垦科研与工程实践呈现蓬勃态势,西部生态脆弱矿区修复逐步取得成效

在煤炭资源开采历史较长的安徽两淮矿区、江苏徐州、山东济宁、河北唐山、山西平朔等煤炭基地,土地复垦与生态修复不断成功,形成涵盖了耕地恢复、生态利用、建设利用等多种类型土地复垦与生态修复模式。随着煤炭开发强度加大和战略西进,相继开展了"晋陕蒙接壤区大型能源基地""两淮煤矿开采沉陷区生态环境综合治理关键技术与示范""高强度开采下矿区环境损伤机理与预测"等科学研究,初步形成了煤矿区生态修复与水资源保护、土壤剥离贮存与科学重构、表土替代材料与土壤改良、植物筛选、群落配置与植被恢复、侵蚀控制、采复一体化工艺与设备等技术成果,其中生态脆弱区煤炭现代开采地下水和

地表生态保护关键技术、西部干旱半干旱煤矿区土地复垦的微生物修复技术与应用等典型成果获得多项国家科技进步奖二等奖。"十三五"伊始，进一步开展了东部草原区大型煤电基地生态修复与综合整治技术及示范、西北干旱荒漠区煤炭基地生态安全保障技术等研究，初步探索构建了适于华北、华东、晋陕蒙接壤区等煤矿区生态修复技术。

5.2.6.3 科学探索资源型城市转型发展与老工业基地生态文明建设的新思路

提出矿地一体化综合利用、关闭矿山土地复垦与生态重建和老工业基地振兴发展的科学问题，开发了城市废弃工矿区土地再利用技术，集成研究并提出煤炭基地村庄土地复垦整理关键技术、特大型矿区"矿-农-城"复合系统三生空间景观格局优化技术，研发了矿地一体化综合利用信息系统，开发了矿地统筹土地调查空地一体化技术装备，建立了江苏徐州、河北唐山、山东济宁、河南永城、山西平朔等生态修复和转型发展示范基地，从单一功能性修复转向区域生态系统恢复，科学践行了"绿水青山就是金山银山"的美丽中国发展理念。徐州潘安湖湿地作为采煤塌陷地复垦与生态环境修复的典范，2017 年 12 月习近平总书记在调研考察时给予了高度评价。

5.3 重大标志性成果

5.3.1 特厚煤层大采高综放开采关键技术及装备

厚及特厚煤层是我国煤矿高产高效开采的主体煤层，储量占全国的 45%，其中特厚煤层储量丰富。厚度 14m 以下煤层的开采技术我国已基本解决，但厚度 14m 以上的特厚煤层，安全、高效、高回收率机械化井工开采在国内外尚无先例，是世界性技术难题。针对我国 14~20m 特厚煤层开展安全、高效、高回收率开采技术及装备研发，取得 4 项创新性成果：（1）发明了 14~20m 特厚煤层大采高综放开采技术，创立了特厚煤层大采高综放开采围岩控制与三维放煤理论，开发出高回收率放出顶煤技术。（2）创新研发了世界首套年产千万吨大采高综放开采成套装备，包括 5.2m 大采高综放液压支架，大功率刮板输送机及采煤机等。（3）创新开发出大断面全煤巷道高强度锚杆锚索联合支护技术及材料。（4）创新开发出特厚煤层大采高综放工作面瓦斯治理与综合防火安全保障技术（见图 5-1）。

相关成果在大同塔山煤矿 14~20m 特厚煤层实现工业试验，年产量达 1085 万吨，在大同、平朔、神东、新疆等 13 个大型矿区得到推广应用，实现了安全高效开采，随着我国煤炭开发向西部转移，项目研究成果应用前景广阔。

研究成果实现了煤炭开采技术与装备的重大突破，经中国煤炭工业协会组织鉴定达到国际领先水平，引领了世界厚煤层开采技术发展方向，并获得 2014 年国家科技进步奖一等奖。

千万吨级矿井大型提升容器及安全运行保障系统研究，产学研联合自主创新，突破了一系列技术难题，取得以下重要技术发明：

（1）研发了大型提升容器，使我国超大空间、超强载重能力提升容器的设计理论与制造技术取得重要突破，从根本上打破了建设千万吨级矿井受制于提升容器装载能力严重不足的技术瓶颈。大型箕斗单次输送量从过去的 30t 提高到 50t，大型罐笼单次输送量从过去的 30t 提高到 60t，单次载人数从 70 人增加到 358 人，输送设备的大小（长×宽×高）从过去限于 5m×2.5m×3.5m 增大到 8.5m×3.8m×4.5m，罐笼停车误差补偿能力由过去的 40mm 提高到 175mm，满足了千万吨级矿井原煤和大型设备提升运输的需要。

（2）发明了大型提升容器运行状态监测技术，解决了复杂矿井环境下提升容器驱动系统缠绳旋转体状态信息的提取与无线传输等技术难题。实现了大型提升容器运行故障诊断的三级报警，准确率达 98% 以上，为大型容器重大恶性事故预防提供了技术支撑。

（3）发明了大型提升容器安全运行保障系统，解决了大型提升容器恒减速安全制动、高速重载摩擦防滑等技术难题，为矿井大型提升容器高速重载运行提供了安全保障。制动系统响应时间由 40ms 降低至 15ms，使重载提升安全运行速度提高 30%。

大型提升容器及其安全保障技术已在神华亿利能源、神华宁夏煤业、中煤能源集团、大同煤矿集团、国投新集能源、陕西彬长矿业集团等大型企业推广应用。2012~2014 年累计销售产品 14 亿元，实现利税 5.2 亿元。推广应用矿区的提升安全重大事故率为零，经济和社会效益显著。

本项成果使得我国大型提升容器及安全保障关键技术实现了跨越式发展，突破了发展大型和特大型矿井受提升能力制约这一瓶颈约束，整体达到国际先进水平，价格仅为进口设备的 60%~70%。该成果获得了 2015 年国家技术发明奖二等奖。

5.3.4 复杂薄煤层自动化综采成套技术与装备

我国 1.3m 以下薄煤层储量约占全国煤炭总储量的 20%，85% 以上煤矿均有薄煤层。长期以来，由于没有合适开采装备，国内薄煤层大多采用炮采或小功率机组开采，劳动强度大、安全状况差、效率低、效益差，薄煤层产量仅占全国煤炭总产量 6%~7%，许多煤矿大量弃采薄煤层，造成资源浪费。在国家 863 计划、国家自然科学基金等项目的资助下，开展了复杂薄煤层自动化综采成套技术与装备研究。该项目突破了大功率矮机身采煤机、大运量矮槽帮刮板输送机、大伸缩比液压支架及工作面无人自动化控制关键技术，开发了"0.6~1.3m 复杂薄煤层自动化综采成套技术与装备"，实现了 0.6~1.3m 薄煤层安全高效开采。取得以下重要技术发明：

（1）发明了基于滚筒采煤机的薄煤层无人自动化开采模式、生产方法和自动化控制系统；发明了板式新结构、超大伸缩比薄煤层智能型液压支架。

（2）发明了适合不同煤岩硬度的滚筒式薄煤层截割装置、高效装煤装置及薄煤层边角煤开采装备。

（3）发明了薄煤层工作面刮板机新型电缆槽、扁平链、E形螺栓、矮型耐磨溜槽等关键结构和制造工艺。

（4）研制了世界首套最小机面高度580mm的大功率滚筒采煤机综采自动化机组。

该项目创新成果已在全国68个煤矿推广应用，创造了显著的经济和社会效益。该成果获得2013年国家科技进步奖二等奖。

5.3.5 煤矿复杂地质条件下瓦斯与火灾防治关键技术及装备

我国是世界上以煤炭为主要能源的国家之一，随着煤炭产量的持续增加，浅部煤炭资源已经处于残采阶段，煤炭开采正在向深部延伸。深部煤层具有地应力大、瓦斯压力高、瓦斯含量大、煤层透气性低的特点，瓦斯抽采和煤与瓦斯突出防治面临挑战。同时，深部煤层具有地温高的特点，煤自然发火严重，特别是采空区煤自燃火灾防治十分困难。因此，依据煤矿地质条件复杂的研究背景，通过持续研究，形成了煤矿复杂地质条件下瓦斯与火灾防治关键技术及装备，取得以下重要的研究成果：

（1）建立了煤层瓦斯高效抽采理论，阐明了卸荷煤体的裂隙发展与渗透率演化机制，建立了卸荷增透-强化瓦斯扩散多物理场耦合模型。开发了深井煤与瓦斯突出煤层区域性瓦斯灾害防治关键技术及装备。

（2）发明了煤层造缝增透、协同式钻护等系列化关键技术，提出了高瓦斯低透煤层（群）储层联合改造方法，建立了单一、突出煤层底板岩巷水力冲孔造穴一体化增透技术体系，形成了高瓦斯低透气性煤层瓦斯高效抽采成套技术及装备。

（3）建立了煤自燃氧化动力学理论，提出了防治煤自燃的化学阻化方法并研发了高效阻化剂，发明了采空区大空间高效阻化泡沫防灭火技术，开发了无机固化泡沫及凝胶泡沫堵漏隔氧防灭火技术及装备。

以上项目创新成果已在神华集团、中煤能源集团、大同煤矿集团、铁法煤业集团、陕煤集团等500多个煤矿推广应用，创造了显著的经济和社会效益。获得2007年国家科技进步奖二等奖1项，2009年国家科技进步奖二等奖1项，2015年国家科技进步奖二等奖1项，2012年国家技术发明奖二等奖1项。

5.4 与世界先进水平的差距及存在的短板

美国、澳大利亚、加拿大等先进采矿国家强调资源可持续开发及生态保护：（1）注重采前的环境评估与监测，矿山"三废"排放少，环境和生态损伤小，生态修复和资源综合利用水平成熟；（2）煤层条件简单，探测精度高，采出率高、储采比合理，开采强度低、深度浅，动力灾害少，绿色开采技术体系完善；（3）大型矿山装备自动化、智能化程度高，设备使用寿命长、可靠性好；（4）煤炭产品质量高，主要产煤国入选率达到90%以上，洗选装备领先，褐煤开发和发电一体化等低热值、低阶煤利用规范成熟。与国外先进水平相比，国内的煤炭开发与利用在上述方面还存在很多的差距和不足。

5.4.1 地质保障

对于高密度三维地震技术、宽方位三维地震技术和三维地震资料逆时偏移技术等为代表的地面三维地震技术来说，其主要核心技术、装备和软件都掌握在以CGG为代表的西方石油公司手中，虽然近年来我国相关高校、企业也对相关技术进行了一定的研究，但研究成果分散、不成体系，还无法和西方大公司进行全面竞争，只能在局部形成比较优势。

5.4.2 矿井建设

井筒全断面机械化掘进是今后的发展方向，在以海瑞克为代表的国外建井装备制造商开展竖井掘进机研制的同时，我国矿井建设领域的科研与装备制造机构也开展了相应尝试，研制出了需超前孔排渣、钻井直径为5m的MSJ5.8/1.6D型矿山竖井掘进机样机；同时，全断面竖井掘进机研制工作也已启动。但总体而言，与国外尚有较大的差距，尚需攻克大量的理论与技术难题。

在精细化注浆技术与装备方面，与国外相比，也有不小的差距。此外，在井筒含水层的地球物理方法超前探测、注浆效果检测方面，尚缺乏成熟的理论与技术，这直接影响了注浆法凿井的施工效率，有待研究改进。

5.4.3 绿色高效开采

在东部矿区，随着开采深度的增加，地质构造更加复杂，开采难度加大，瓦斯、水灾、火灾、冲击地压、热害等重大灾害更加严重。在西部干旱半干旱矿区，丰富的煤炭资源已成为国家重要的能源基地，但生态环境十分脆弱，水土流失、煤层自然发火等灾害日趋严重。为应对上述煤炭开采利用导致的各类问题，煤炭绿色开采技术经过多年的发展取得了一些成果，但由于我国绿色开采技术研究起步晚、地质条件较为复杂等原因，我国在绿色开采技术标准制定、绿色开采技术监测手段与设备、绿色开采技术示范等方面与国外的差距较大，仍需要较长一段时间的努力。

5.4.4 安全生产与职业健康

煤层瓦斯测试、监测仪器，井下火源精确定位探测技术及装备、粉尘连续监测及高效防治技术等方面，与国外仍存在较大的差距。井下制冷主机、关键部件及监测和智能控制系统的核心装备对国外的依赖度仍然较高。在职业健康方面，煤矿工人尘肺病等的发病率远高于国外煤矿工人，在煤矿工人职业健康立法与监管方面，与国外相比，仍存在很大的差距。

5.4.5 智能化采掘技术与装备

在采煤技术与装备方面，我国通过引进国外技术、消化吸收，目前煤炭智能开采紧跟世界先进国家脚步，但在采煤装备自主巡航、煤岩性状识别、采煤装备姿态监测等方面仍处于起步阶段，尤其是采煤装备的可靠性以及监控技术的稳定性方面差距较大；另外，缺乏统一的通信平台和协议标准，并没有真正实现综采设备监控数据的"无缝"连接，各系统间的信息没有得到真正共享；综采工作面还不能实现自动找直，与国外差距较大。

在掘进技术与装备方面，虽然国外对煤巷掘进的需求较小，其发展较为缓慢，但是其总体上已趋于成熟，在掘进机位姿检测、掘进机智能控制、全工作面远程监控、综掘工作面超前探测、硬岩巷道快速掘进等方面都有完整的理论与技术。我国在智能化掘进领域起步较晚，虽然近年来得到了长足发展，逐步攻克了掘进机机体位姿检测、远程监控、断面自动成形控制等技术，但是在硬岩、大断面斜井、立井全断面掘进机以及软、硬件系统可靠性等方面与国外先进水平仍有较大差距。

在提升技术与装备方面，瑞典 ABB 公司和德国 Siemag 公司长期占有全球市场的主要份额，其提升箕斗单次载重量大、电控设备自动化水平高、制动系统性能优越、成套提升装备可靠性高。目前国内的高端市场仍被上述公司占领，但一些国内企业和研究机构在一些重要部件和关键技术环节指标已可参与高端市场的竞争。然而，国内总体水平仍低于国外先进水平，特别是装备寿命、运行可靠性、系统化健康监测方面仍有较大差距。

在运输技术与装备方面，现阶段与国际先进水平的差距主要体现在：

（1）国内带式输送机运行功耗大，运行阻力系数为 0.02~0.03，而国外仅为 0.015~0.02；

（2）国内带式输送机采用偏高的安全系数，一般取 7~9，而国外一般取至 5；

（3）国内输送机最大运行速度 6.3m/s，国外已达到 10m/s；

（4）国内输送机单机最长输送距离 10km，国外已达到 20km。

5.4.6 矿区生态保护与修复

工业发达国家土地复垦与生态重建理念技术方法整体上比较先进，国内在全过程监管、地貌重塑与土壤重构、新建景观和周边环境和谐共生、源头控制和自然力量修复方面与工业发达国家仍存在较大的差距；西部矿区原生环境异常脆弱，露天煤矿土地复垦与生态修复技术标准与国外还存在一定的差距；在矿区生态扰动监测方面，监测内容、广度、频度、信息发布标准体系尚需进一步完善，监测数据解译尚不系统，数据集成和深度分析能力不足，监测装备研究少，严重依赖进口。

5.4.7 分选加工与综合利用

国内选煤工艺目前呈现一种百花齐放的格局，缺少完整的技术体系和规范标准，低品质煤含量高，缺少提质加工关键技术，针对难选煤及低品质煤特点的分选加工技术与工艺缺乏，关键技术瓶颈尚未突破；选煤工艺适应性差，新工艺开发能力还有很大差距，缺少适合西部干旱缺水的高效选煤专有成套技术；煤加工装备制造水平、选煤过程自动化水平、大型装备可靠性和集成化低，整体自动化程度不足 30%，大型装备可靠性只有 70% 左右，缺乏竞争力；原煤入选率虽已达到 70% 以上，但与世界主要产煤国家 85%~90% 的入选率相比，仍存在较大差距；固废资源利用率低，以煤矸石、粉煤灰为代表的煤系固废资源综合利用率不到 70%，吨煤产值仅相当于发达国家的 30% 左右，矿区水整体循环利用率只有30% 左右[27]。

5.4.8 煤系资源勘查与开发

煤系伴生资源的开发集中在煤层气等的开发和利用，对其他煤系伴生资源开采方面的研究和实践很少。煤的有机地球化学、同位素地球化学、实验与数值模拟地球化学与国际前沿相比存在一定的差距。与煤地质国际前沿相比，我国在煤与煤系分散可溶有机质特性方面公开发表的论文不多，成果较少，煤中非传统稳定同位素（如 Hg、Cd、Zn 等）地球化学特征刚刚起步，高温高压的实验地球化学与数值模拟地球化学也需要加强。

在煤层气开发方面，由于我国地质条件复杂，大量煤层气资源难以动用等情况对技术制约显著，难以照搬国外技术和地面规模化模式予以开发。因地制宜，技术自主，发展适应于我国广泛存在的特殊地质条件的创新性技术装备，亟待加强。

测井和地震对于煤储层特性的精细解释尚依赖于经验，可靠性难以保障，需要提高现有技术的解释精度（信噪比）和研发新的装备。进一步加强煤层气成藏地质基础研究，将煤储层评价从静态向与开发动态相结合的方向发展，是推动我国煤层气地质选区技术进一步成熟完善的不可替代的途径。

在煤层气地面井增产技术方面，煤层气水平井压裂技术、大型连续油管压裂技术、易破碎煤层增产技术等尚未研发成功；多元气体注入置换（注气开采）的增产效果明显，但目前在国内仅处于先导性试验阶段；不同井型、不同储层条件下的排采制度优化，依然是需要解决的一个关键技术问题。

5.5 未来发展方向

我国当前煤炭生产管理粗放，利用效率低，环境破坏严重，煤炭生产和消费方式亟待根本性革命。针对煤炭开发过程中存在的煤炭资源采出率低、生态环境破坏严重、安全生产压力加大、资源综合开发与就地转化能力较弱等突出问题，煤炭行业必须加快科技创新，大力发展近零生态损害的科学开采、近零排放的清洁低碳利用、矿井设计建设与地下空间一体化利用等一系列技术，建立安全、高效、绿色、智能和全面协调可持续的现代化煤炭工业体系，推进能源生产和消费革命，构建"清洁低碳、安全高效的能源体系"。

5.5.1 近零生态损害的科学开采技术

树立和践行"绿水青山就是金山银山"的理念，从根本上改变煤炭开发必然造成生态破坏的传统认识；从煤炭绿色开发的基本原理出发，研发和应用近零生态损害的科学开采技术装备，建立绿色智慧煤矿[28,29]。

5.5.1.1 零生态损害的绿色开采新理论与技术

针对煤炭开发地表塌陷、植被和地下水体破坏、废弃物排放和共伴生资源浪费等问题，研究煤矿开采的生态环境损害机理及近零生态损害岩层控制理论；开发煤矿开采区生态正演促进与损伤预治理技术、精准局部充填开采技术、地下水库构建和水资源高效利用技术、西部保水采煤技术、东部采煤沉陷区功能重构与开发利用技术、煤与瓦斯共采技术、煤与水共采技术、煤与地热共采技术以及煤系地层镓铝油气等共伴生资源协同开发技术及矿井全生命周期采矿技术等；开展煤炭化学开采、生物开采等新型开采方法、技术和装备研究。

5.5.1.2 深部煤矿地质保障技术及"透明矿井"构建技术

围绕勘探和开发深部煤炭资源和建设"无人化"矿井的需求，研制多原理非接触式地质综合勘探技术与装备，开发无人化矿井地质异常体精细探测技术与装备；研究煤矿无人化开采地质模型，构建透明矿井协同决策平台，开发高精度定位与导航技术、透明矿井多场耦合及大数据分析技术，深部煤层采动区围岩应力场 CT 实时探测及预警技术、全信息地质安全预警保障系统；大力发展矿井地下空间综合利用技术。

5.5.1.3 矿山安全重大理论与关键难题

通过在矿山生产安全、职业安全、生态安全领域开展深入研究，实现矿山开采低死亡率、低伤害、低排放的安全目标，支撑能源、资源与环境的可持续发展。重点研究：煤矿灾害智能预警系统；煤矿复合动力灾害防控技术；灾害防治无人化技术；轻型可移动式水泵、救灾机器人等应急救援重大装备；矿山生产安全保障关键理论与技术体系；矿山环境职业伤害防护理论与关键技术；突发事件空地一体智能应急救援理论与关键技术等。

5.5.1.4 大型煤矿无人化智能开采系统

针对我国以煤矿井工开采为主，采、掘、运、支、通、选等系统复杂和无人化技术难度大的特点，研究深部煤炭资源无人化开采的新理论新方法，开发煤机装备高性能基础材料、关键元部件、超高电压等级驱动技术与装备；研发精准开采无人化高效高可靠性采煤机器人，薄煤层高效开采智能化成套装备，研究机械破岩全断面上排渣竖井掘进装备、大直径千米深井钻机机器人、井下全断面无人化智能掘进机器人、井下超大空间安全支护和采选充一体化技术、井下无人化运输电动机器人及无人驾驶车辆、露天煤矿无人化剥采技术与装备、露天煤矿重型无人驾驶车辆；深井大吨位提升系统安全保障技术，矿用电梯技术等；研发大型高效无人化选煤技术与装备，开发集信息感知、智能监测、远程控制、自动执行和安全预警等功能为一体的高可靠性全矿井智能化系统。研发地质条件、开采条件、设备状态的精准感知技术；研究关键元部件失效模式与故障机理，构建关键部件及系统可靠性评价体系。

5.5.1.5 煤炭资源流态化开发理论与技术创新

开展深部原位流态化开采的采动岩体力学理论、深部原位流态化开采的"三场"可视化理论、深部原位流态化开采的原位转化多物理场耦合理论、深部原位流态化开采的原位开采设计、转化与输运理论、深部原位流态化开采的地质保障技术、深部原位流态化开采的精准探测与导航技术、深部原位采选充电气热一体化的流态化开采技术、深部原位化学转化流态化开采技术、深部原位生物降解流态化开采技术、深部原位煤粉爆燃发电等关键理论与技术的研究[30]。

5.5.2 近零排放的清洁低碳利用技术

近零排放的清洁低碳利用技术包括以下几种。

（1）煤炭提质与综合利用技术。通过低阶煤的分级转化和梯级利用、煤炭的分级分质利用、矿区的清洁生产和资源循环利用，提高煤炭入选率，全面提升煤炭洁配度水平，减少无效运输和污染物排放。重点开展褐煤与低品质煤提质加工、高硫煤脱硫与配煤调质、水煤浆制备与型煤加工、干法分选与全粒级动力煤分选、煤岩富集与矿物组分调控、煤中矿物资源综合利用、矿区水绿色循环、智能化高效分选等方面的理论、技术和装备技术；难浮煤泥的精选、矸石与浮选尾煤泥的处理与利用以及高效干法选煤设备与工艺，煤泥洗选过程中的高效固液分离与污染物处理技术；煤炭伴生矿物综合利用及有害元素脱除技术的创新；选煤装备向大型、机电一体化、自动化、智能化发展。

（2）煤炭高效燃烧近零排放技术。火电厂燃煤锅炉在发电运行、末端治理等过程中，采用多种污染物高效协同脱除集成系统技术，使其大气污染物排放浓度基本符合燃气机组排放限值，即烟尘、二氧化硫、氮氧化物排放浓度（基准含氧量6%）分别不超过 $5mg/m^3$、$35mg/m^3$、$50mg/m^3$，是燃煤发电机组清洁生产水平的新标杆。

（3）煤炭温和精准转化技术。采用高效催化剂和溶剂萃取技术，在温度较低的条件下，实现煤中有机组分的目的产物的高效转化。

（4）碳捕集利用与封存技术（CCUS）。把煤炭转化过程中排放的二氧化碳进行提纯，投入到新生产过程中循环再利用。将二氧化碳资源化，产生经济效益。

参 考 文 献

[1] 李功洲. 中国冻结法凿井理论与技术综述 [J]. 建井技术，2017，38（4）：1-10.

[2] 洪伯潜，刘志强，姜浩亮. 钻井法凿井井筒支护结构研究与实践 [M]. 北京：煤炭工业出版社，2015.

[3] 张永成，孙杰，王安山. 钻井技术 [M]. 北京：煤炭工业出版社，2008.

[4] 刘志强. 竖井掘进机凿井技术 [M]. 北京：煤炭工业出版社，2018.

[5] Kastner H. Static des tunnel-und stollenbaues [M]. 同济大学《隧道与坑道静力学》翻译组，译. 上海：上海科学技术出版社，1980.

[6] Kang H P, Lin J, Fan M J. Investigation on support pattern of a coal mine roadway within soft rocks-a case study [J]. International Journal of Coal Geology, 2015, 140：31-40.

[7] 张忠国. 煤巷快速掘进系统的发展趋势与关键技术 [J]. 煤炭科学技术，2016，44（1）：55-60.

[8] 张友军. 国内外选煤技术与装备现状及发展趋势选煤技术 [J]. 2011（1）：70-72.

[9] 匡亚莉. 智能化选煤厂建设的内涵与框架 [J]. 选煤技术，2018（1）：85-91.

[10] 杨建国，周游，周立习. 中国选煤研究热点与技术需求分析 [J]. 选煤技术，2018（1）：1-7.

[11] 杨仁树，陈骏. 立井施工装备与技术发展现状和展望 [J]. 建井技术，2015，36（2）：1-4.

[12] 徐辉东，杨仁树，刘林林，等. 大直径超深立井凿井新型提绞装备研究及应用 [J]. 煤炭科学技术，2015，43（7）：89-92，140.

[13] 刘志强，王博，杜健民，等. 新型单平台凿井井架在深大立井井筒施工中的应用 [J].

煤炭科学技术，2017，45（10）：24-29.

[14] 姜耀东，潘一山，姜福兴，等．我国煤炭开采中的冲击地压机理和防治［J］．岩土力学，2014，39（2）：205-213.

[15] 康红普，吴拥政，何杰，等．深部冲击地压巷道锚杆支护作用研究与实践［J］．煤炭学报，2015，40（10）：2225-2233.

[16] 谢和平，王金华，王国法，等．煤炭革命新理念与煤炭科技发展构想［J］．煤炭学报，2018，43（5）：1187-1197.

[17] 谢和平，王金华，姜鹏飞，等．煤炭科学开采新理念与技术变革研究［J］．中国工程科学，2015，17（9）：36-41.

[18] 孙升林，吴国强，曹代勇，等．煤系矿产资源及其发展趋势［J］．中国煤炭地质，2014，26（11）：1-11.

[19] 刘峰．把握科技创新形势，提升科技创新能力，支撑引领煤炭工业高质量发展［R］.2019年煤炭行业科技工作座谈会，2019.3.

[20] 程宏志，李红旗．XJM-S28型浮选机开发与应用［J］．煤炭科学技术，2013，41（9）：185-187.

[21] 谢彦君，李延锋，徐世辉，等．粗煤泥TBS分选高灰细泥去向及脱泥研究［J］．煤炭工程，2012（5）：101-104.

[22] 赵跃民，刘初升，张成勇．煤炭干法筛分理论与设备的进展［J］．煤，2008（2）：15-18.

[23] Zhang Haijun，Liu Jiongtian，Wang Yongtian，et al. Cyclonic-static micro-bubble flotation column［J］．Minerals Engineering，2013（45）：1-3.

[24] 刘炯天，李小兵，王永田，等．旋流-静态微泡浮选柱浮选某难选钼矿的试验研究［J］．中南大学学报，2008，39（2）：300-306.

[25] 赵跃民，李功民，骆振福，等．模块式干法重介质流化床选煤理论与工业应用［J］．煤炭学报，2014，39（8）：1566-1571.

[26] 张明青，刘炯天，王永田．水质硬度对煤泥水中煤和高岭石颗粒分散行为的影响［J］．煤炭学报，2008，33（9）：1058-1062.

[27] 刘炯天．煤炭提质技术与输配方案的战略研究［M］．北京：科学出版社，2014.

[28] 刘见中，谢和平，王金华，等．煤炭绿色开发利用的颠覆性技术发展对策研究［J］．煤炭经济研究，2017，37（12）：6-10.

[29] 王金华，谢和平，刘见中，等．煤炭近零生态环境影响开发利用理论和技术构想［J］．煤炭学报，2018，43（5）：1198-1209.

[30] 谢和平，鞠杨，高明忠，等．煤炭深部原位流态化开采的理论与技术体系［J］．煤炭学报，2018，43（5）：1210-1219.

6 油气资源勘探开发

6.1 国际科技发展状况与趋势

近十年来，油气资源在深层油气勘探、常规油气开发、非常规油气开发、海洋深水等重点领域取得突破，高分辨率地震勘探、低渗透油田压后裂缝微震波成像与压后诊断、水平井无级压裂及重复压裂工艺、高清储层测井成像、稠油水驱、冷采、超稠油 SAGD 开发等技术迅速发展。当代油气科技发展最突出的趋势表现在多学科交叉综合研发，技术、方法、数据集成以及部门间的多层次集成。石油工业各学科之间包括地震采集处理和解释、目标评价、勘探开发等在内的一体化技术，以及油藏集成表征技术、随钻测井、随钻地层压力测试等为代表的一批关键技术将不断成熟与完善[1]。石油工业与其他学科（新材料化工技术、纳米技术、激光技术、生物技术、信息技术、人工智能等）之间交叉集成正成为最富活力的创新点。

6.1.1 油气资源勘查与勘探技术

国外油气资源勘查与勘探在裂谷、前陆等盆地取得了突破，发现的大油气田主要位于巴西的桑托斯盆地和伊朗的扎格罗斯盆地，可采储量超过 10 亿吨。这些油气的发现得益于油气资源勘查与勘探技术的迅速发展。

在地震勘探技术方面，国外全波形反演技术快速发展，不断提升偏移成像质量[2,3]。弹性/黏弹性叠前深度偏移、弹性/黏弹性全波形反演成为勘探地震学发展的前沿领域。

在钻井技术方面，发展了自动垂直钻井技术、深层高温随钻测量技术、窄密度窗口安全钻井技术、钻井液技术、固井技术和复杂结构井钻井技术等深层提速提效工艺技术。深井、超深井安全高效钻井技术也成为油气钻井的发展方向之一；在测井技术方面，美国应用声波全波测井资料，在盐下深层、盐下与深水钻井、水平井多段压裂实现了技术的突破[4]。复杂含油气层的测井识别与评价技术成为了当前油气测井的发展方向。

6.1.2 常规油气开发技术

常规油气资源开发利用方面，全球老油气田开发面临开发对象越来越复杂，开发难度越来越大，对开发技术的需求也越来越精细化和高端化。

老油田开发方面，四维地震技术已广泛应用于油藏描述、油藏剩余油动态监测及注气驱等过程监测。井下化学转向剂、提高采收率技术方面井下化学转向剂、聪明水、纳米技术产品等油田新型注剂产品及技术也已进入工业化试验阶段。中高渗油田水驱技术持续向深度开发，精细化、智能化方向发展[5]。三次采油提高采收率技术持续创新与多元化发展。

低渗透油田开发方面，美国 CO_2-EOR 技术已经工业化，新一代 CO_2-EOR 技术有望使原油采收率提高到 60%左右。在二叠盆地的低渗透油田及巴肯的低渗透油田水平井多段压裂技术、压后裂缝微震波成像与压后诊断技术等已工业化应用[6]。低渗透油藏水驱技术由基础井网向合理井网、由建立驱替向持续驱替、由常规水驱向精细水驱转变；三次采油向泡沫驱及气驱（CO_2/N_2）方向发展。

国外采油工程技术发展迅速，正重点发展以无水压裂、智能井、安全生产控制等为代表的采油工程新技术与新装备，推动油气生产向低能耗、实时监测、智能化、安全环保方向发展。

6.1.3　非常规油气开发技术

非常规油气开发技术在页岩油气、煤层气、稠油和超稠油等方面取得重大进展，非常规油气产量快速上升[7]。

页岩油气开发方面，在国外地质综合识别及利用微生物 DNA 指纹分析和机器学习"甜点"预测技术已经进入应用阶段；水平井无级压裂及重复压裂工艺、高清储层测井成像、微地震监测技术已成为主体技术[3,4,8]；非常规油气 CO_2-EOR 技术也已进入工业化试验阶段；国外在一体化开发优化、智能化软硬件平台研制、复杂储层多级改造装备方面拥有先进的工具、工艺技术与装备。非常规油气开发朝着储层预测精准化、施工朝着"工厂化"方向发展。

在煤层气开发方面，全球煤层气资源丰富，主要资源大国为俄罗斯、加拿大、中国、美国和澳大利亚（见表 6-1）。目前，除俄罗斯因天然气极为丰富，煤层气产业化步伐相对滞后外，美国在世界上率先实现煤层气规模性商业开发，加拿大、澳大利亚和中国紧随其后，煤层气产业化程度走在世界前列。美国针对四种不同类型的煤层气盆地，开发了四类新型实用主体技术体系：第一类，适用于以圣胡安盆地为代表的高渗中含气性煤层的钻井-动力洞穴完井技术体系；第二类，适用于以黑勇士盆地为代表的低渗中含气性煤层的钻井-压裂-套管完井技术体系[9]；第三类，适用于以粉河低阶煤盆为代表的高渗低含气性煤层的钻井-洗井技术体系；第四类，适用于以中阿帕拉契亚为代表的山地地形并与采煤区紧密结合的多分支水平井开发技术体系。澳大利亚 2018 年的煤层气产量已经突破 400 亿立方米，超过美国，位居世界第一。澳大利亚煤层气开发潜力主要集中在东部 3 个含煤盆地，即鲍恩盆地、悉尼盆地和苏拉特盆地。其中，苏拉特中生代盆地部分叠加在鲍恩二叠纪盆地之上，为世界上少见的高渗煤层和高产煤层气单井地区，其产量的快速增长及成功的开发得益于高丰度煤层气富集区的发现及适宜的勘探开发技术的应用。

表 6-1　世界主要国家煤层气资源量

国家	煤炭资源量/万亿吨	煤层气资源量/万亿立方米	国家	煤炭资源量/万亿吨	煤层气资源量/万亿立方米
俄罗斯	6.5	17~113	乌克兰	0.117	2
加拿大	7	17.9~76	哈萨克斯坦	0.17	1
中国	5.95	36.81	印度	0.16	0.8
美国	3.97	21.5	南非	0.15	0.8
澳大利亚	1.7	8~14	波兰	0.16	3
德国	0.32	3	合计	24.46	101.6~273.6
英国	0.19	2			

稠油和超稠油开发方面，国外稠油水驱、冷采、超稠油 SAGD 开发技术已经较为完备。重油热采的热效率利用、气体/溶剂辅助 SAGD、太阳能加热提高采收率技术、地下改质（火烧）开采技术及 VAPEX 技术等已进入现场试验。加拿大与委内瑞拉超稠油、油砂开采技术全球领先，太阳能生产蒸汽、电磁/电阻加热油藏等环保技术成为了当前稠油热采的发展方向。

6.1.4　海洋深水

21 世纪以来，随着深水、超深水技术和装备不断发展，全球海上油气勘探开发步伐加快，大部分地区作业水深已超过 500m，普遍进入了深水油气领域，美国墨西哥湾、西非、巴西等部分海域作业水深已进入了超深水（>1500m 水深）领域，3000m 及以上水深的海上油气项目不断涌现。近年来深水盐下油气勘探开发理论得到了突破，相应的油气资源识别、勘探开发技术的进步推动了巴西、墨西哥湾海域海上油气开发迈入了新的时期。当前，大量深水、超深水项目已经在美国墨西哥湾海域及巴西、西非等海域得到开发，并形成了从勘探、开发、环境监测与预警等油气勘探开发方面一系列技术装备设计和制造能力，相应的造船能力、海工建设、深水钻井能力专业化及细分市场已经形成，美国、挪威等深水装备设计和制造能力位居世界前列，韩国、新加坡等亚洲国家制造能力也不断提升。大型地震船、第六代半潜式平台、浮式生产储油卸油装置、张力腿等大型海上装备已经陆续得到了广泛应用。随着技术装备的升级，自动化、智能化水平不断提高。同时，随着作业水深的不断加大，海上油气开发方式正在向海底油气开发转移，油气行业对低成本和自动化、智能化的不断追求和创新，使新型油气海底开采技术和装备不断出现，海底增压泵、多相分离器等工艺装备得到应用[10]，为未来全海底自动化工厂化油气生产奠定了基础。

6.2 我国油气资源开发科技创新的进展

6.2.1 常规油气勘探

6.2.1.1 岩性地层油气勘探取得重要进展

岩性地层油气藏领域依托国家重大科技专项，在"十五"和"十一五"研究基础上，通过"十二五"理论技术研发与勘探应用攻关研究，创新了岩性、地层两大油气区地质理论认识，形成地质评价方法和勘探配套技术[11]，指导了鄂尔多斯、松辽、准噶尔等盆地岩性地层油气藏勘探，其中鄂尔多斯盆地在姬塬、华庆、陇东地区发现并探明石油地质储量超过 20 亿吨，为长庆油田成功上产 5000 万吨奠定了资源基础。新疆油田"跳出断裂带、走向斜坡区"，攻克"甜点"预测与增产改造两大瓶颈技术，创立了凹陷区砾岩油藏勘探理论技术体系，玛湖地区勘探获得重大发现，探明石油地质储量 5.2 亿吨，发现了全球最大砾岩油田——玛湖油田，形成储量规模超 10 亿吨的百里油区。截至 2017 年年底已建产能 605 万吨，成为我国石油规模增储上产的石油新基地。

6.2.1.2 前陆盆地油气勘探理论和技术取得重大突破

在前陆盆地领域，塔里木盆地库车地区深化盐相关构造样式研究，建立"盐上顶篷构造，盐层塑性流变，盐下冲断叠瓦"新构造模型，提出应力控储新观点，裂缝决定高产，储层埋深下限超过 8000m。转变圈闭研究思路，早期由完整背斜向断背斜圈闭转变，近期由简单叠瓦构造向复杂叠置区与构造转换带进军，指导了勘探部署。形成了宽线+大组合地震采集、叠前深度偏移处理、高陡构造建模、优质安全快速钻井、高温高压复杂地层测试等关键技术系列，在库车大北-克深地区形成新的万亿方大气区，是塔里木油田天然气增储上产的主力区。另外，在柴达木盆地阿尔金山前东坪-牛东地区、四川盆地川西北部双鱼石地区新发现了两个千亿方规模储量区。

6.2.1.3 成熟盆地油气勘探技术系列已经形成

在成熟盆地针对富油气凹陷或区带，重新研究和认识其资源潜力，开展大面积二次三维地震采集，实施大连片三维地震资料处理与解释，精细开展油气综合地质研究，突出岩性-地层和复杂油气藏勘探[11,12]，形成了高精度三维地震叠前连片处理、基于层序格架约束下的储层预测和整体地质综合评价、定向井与快速钻井、油气层快速识别与评价等关键技术系列，在松辽盆地大庆长垣、古龙、三肇、长岭地区新增探明石油地质储量超 10 亿吨，有效支撑了大庆油田原油 4000 万吨以上持续稳产 12 年，以及吉林油田长期稳产。渤海湾盆地在大港歧口、沧东-南皮凹陷、辽河西部凹陷、大民屯凹陷，冀中饶阳、霸县凹陷等均取得重要成果，扭转了老探区勘探的被动局面。

6.2.2 深层天然气勘探

6.2.2.1 古老碳酸盐岩成藏理论已初步形成

"十二五"期间，首次在四川盆地深层取得了晚震旦世-早寒武世德阳-安岳大型台内裂陷的重大科学发现，改变了川中古隆起 1964 年在高部位发现威远气田之后 47 年久攻不克的现状，建立了上扬子震旦系灯影组内克拉通镶边台地沉积和寒武系龙王庙组缓坡颗粒滩-潟湖沉积新模式，提出构造背景上岩性地层圈闭形成大气田的理论新认识。

6.2.2.2 深层天然气预测技术取得重要进展，推进深层找气实现重大突破

创新了地震储层预测和测井油气层评价技术，指导了安岳寒武系龙王庙组、震旦系灯影组巨型整装大气田的勘探突破，为特大气田的战略发现和快速探明提供重要的技术支撑[13]。目前累计探明天然气地质储量 8488 亿立方米，已建成产能 130 亿立方米，2017 年天然气产量 103.5 亿立方米，累产超 300 多亿立方米。

6.2.3 复杂油气开发技术

6.2.3.1 高含水油田开发过程中，新型驱油技术体系取得重要突破

"十二五"以来，针对我国高含水油田开发领域形成了精细注采结构调整技术、高效深部液流转向与调驱技术、用于聚合物驱和化学复合驱油的新型抗盐梳型聚合物、辫状梳形聚合物等系列新型驱油体系[14]。特别是根据我国油藏情况，研制出的适合中低渗透油藏中相对分子质量高效聚合物达到国际领先水平，已实现工业化生产，广泛应用于大庆、胜利、华北等油田现场，取得了很好的应用效果。主力油田采收率突破 50%，实现了大庆油田 4000 万吨、胜利油田 2600 万吨等高含水老油区的长期稳产。特别是大庆油田持续创新化学驱提高采收率理论与技术，使分层注入工艺和举升、地面配注工艺和采出液处理技术不断创新。化学复合驱关键技术获重大突破，推动化学驱技术由聚合物驱向复合驱升级换代，持续保持国际领先水平；三元复合驱工业化试验提高采收率 20% 以上，2014 年开始规模化推广应用，产油量突破 200 万吨，2015 年驱油产量快速上产到 350 万吨，使三次采油产量突破 1400 万吨[5,15]。

6.2.3.2 低渗透、低压及低产量油藏提高采收率技术取得重要进展

针对我国油藏低渗透、低压及低产量的"三低"特征，形成了低渗透油田开发压裂、超前注水、低渗透油藏细分层注水工艺、井网优化等提高原油采收率配套技术[6]，使全国低渗透与特低渗透油田产油量由 2008 年的 2000 多万吨快速

上升到 2015 年的近 5000 万吨。

6.2.3.3 复杂天然气开发理论及技术已逐步完善

在复杂天然气开发及提高采收率方面，建立了物理模拟实验室，提出了我国异常高压气藏、凝析气藏、低渗及致密气藏及酸性气藏的气/液/固三相相态理论。气藏井网优化和高效改造、采气新工艺和新工具等技术获得突破，指导了苏里格、靖边、克拉 2、普光等大型气田科学开发。

6.2.3.4 复杂碳酸盐岩油气田开发和提高采收率技术取得重要进展

在复杂碳酸盐岩油气田开发方面，发展形成了缝洞储层识别、裂缝性储集体测井参数解释及复杂裂缝网络描述方法，建立了溶蚀孔洞随机分布模型；开发了碳酸盐岩油藏复杂渗流的自动历史拟合软件一体化高效模拟平台、注水替油驱油及缝洞型油藏高效酸压改造等提高采收率技术。

6.2.4 非常规油气勘探开发

6.2.4.1 页岩气、致密油勘探取得重要突破

"十二五"期间四川海相页岩气勘探开发实现了工业突破，建立了威远-长宁、昭通北、涪陵焦石坝三个海相页岩气工业化勘探开发试验区，发现涪陵焦石坝、长宁-昭通北等千亿方级大型页岩气田，累计新增探明地质储量 5441.29 亿立方米。2015 年全国页岩气产量达到 44.71 亿立方米，使我国成为北美以外最早实现页岩气工业突破和工业化先导试验的国家[16,17]。以鄂尔多斯盆地延长组长 7 段为代表的致密油"十二五"新增探明地质储量 1.32 亿吨，发现我国第一个亿吨级致密油大油田——新安边油田，2015 年我国致密油产量达到约 150 万吨，实现了规模动用、效益开发。

6.2.4.2 深化了致密油和页岩气聚集理论，实现了工业化开采关键技术装备的重大突破

通过技术创新和开发实践，创新发展了连续型油气聚集理论，形成致密油资源评价、甜点预测、储层地震预测技术；研制成功 12000m 顶驱式石油钻机等重大装备；形成了随钻声波测井、井下核磁共振流体分析等核心技术，以及二维成像测井装备实现了规模化应用；发展形成了长水平井钻完井、多级体积压裂[18]、平台式"工厂化"作业工艺技术，实现了可钻式桥塞等重要装备的国产化及规模应用。这些关键技术装备的突破解决了致密油气储层甜点预测及井位优选难、动用程度及采收率低、效益差等难题，实现了页岩气和致密油勘探开发的工业性突破，使非常规油气已成为我国重要的油气接替领域[19]。

6.2.4.3 煤层气勘探开发技术取得重要进展，已成为我国目前最为现实的非常规天然气资源

我国煤层气开发利用起步较早，前期进展缓慢，自 2006 年实现商业化开采

后，近年来呈现快速发展态势。尤其是"十二五"以来，依托国家科技重大专项煤层气勘探开发项目，取得了一系列阶段性成果，2015 年全国煤层气产量44.25 亿立方米，煤层气产业化初具规模。2017 年我国煤层气产量为 70.2 亿立方米，累计增长 8.2%。

（1）煤层气储层开发地质动态评价关键技术与探测装备取得重要突破。形成了适应于沁水盆地和鄂尔多斯盆地地质条件的主体开发技术，如丛式井、U 形井、多分支水平井钻井技术，氮气泡沫压裂、水平井分段压裂、封隔器滑套分层压裂、水平井多级可钻式桥塞分段压裂、水平井裸眼封隔器分段改造等完井技术，煤层气专用排采技术及排采设备等。相关研究成果获 2017 年度国家科学技术进步奖二等奖。高新技术的创新、突破和应用，促进沁水盆地和鄂尔多斯盆地东缘取得单井产量和规模建产的双突破，示范区和基地建设正在稳步推进。

（2）成功研发了多煤层以及低煤阶煤层气勘探开发新技术。以黔西、滇东为代表的多煤层、构造发育、煤体结构复杂区，研发形成了多煤层选区选段及产层优化组合技术，多煤层分压合采技术、煤层气井逐级降压排采技术等；以新疆、淮南和内蒙古海拉尔盆地为代表的低煤阶区，研发形成了低阶煤厚煤层大倾角钻完井技术、压裂排采技术。同时极大地拓展了煤层气的开发空间，包括深部煤层气的勘探开发、煤系气的共探共采技术、煤矿采空区抽采技术。

（3）集成创新了煤层气地面-井下联合抽采、煤-气协同开发技术与装备。形成了晋城、两淮、松藻 3 种典型地质条件下煤层气与煤炭协调开发技术体系和模式，形成了集采动稳定区煤层气资源评估、采动影响区地面井位置优选、井型结构优化设计、地面井高危破坏位置安全防护、地面抽采安全控制等关键核心技术于一体的采动区煤层气地面井抽采技术体系。在晋城矿区实施的井上下抽采井，完好率 95%，单井日抽采量达 1 万立方米以上，抽采浓度达 86%，工作面瓦斯浓度降低约 30%。在寺河煤矿施工的顶板型联合抽采井，钻井进尺 1271.67m，水平段 808.58m，孔径 220mm，布置在煤层上方 40~50m。抽采浓度最高达 93%，平均 80%；日抽采纯量最高达 3.11 万立方米，平均 2.5 万立方米，实现了本煤层采动影响区、采空区连续抽采。

我国煤层气抽采技术与工艺的发展历程如图 6-1 所示。

6.2.5 海洋深水油气勘探开发

6.2.5.1 海洋深水的油气勘探开发技术装备已初步形成

目前，我国深水油气技术及装备的自主研发工作已经起步，并快速推进。虽然我国油气海域作业水深大多数仍在 500m 以下，但近年来"海洋石油 981"（3000m 深水半潜式钻井平台）和"海洋石油 201"（3000m 深水起重铺管船）等装备的投入使用，使水深在 1500m 的荔湾 3-1 深水气田项目得以开发，我国也由

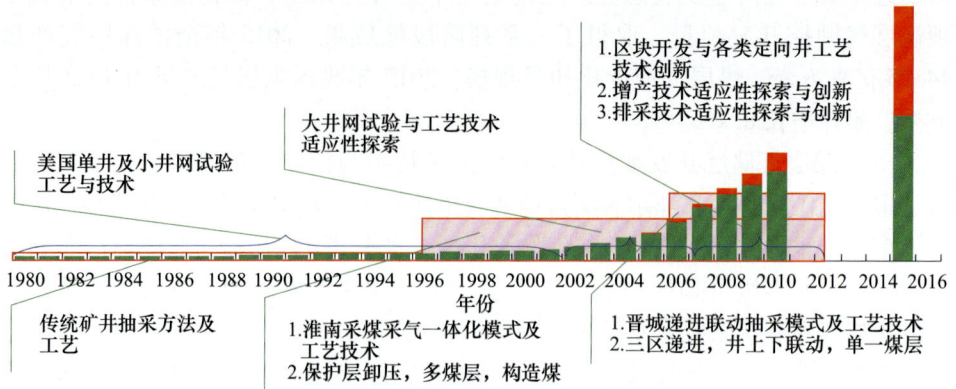

图 6-1　我国煤层气抽采技术与工艺的发展历程

此迈入了深水油气开发的行列。国内目前在深水领域已初步形成了完整的油气生产产业链，业务覆盖油气田地球物理勘探、地质勘查、钻井作业、海底铺管、物资保障等不同领域[9]。"海洋石油 981"深水半潜式钻井平台、"海洋石油 201"深水铺管起重船、"海洋石油 720"深水物探船以及"兴旺号"钻井平台等一系列深水装备相继投入使用，形成了我国深水装备梯队。

6.2.5.2　初步具备了海洋深水的油气勘探开发的能力

海洋工程方面，形成了海洋工程设计建造安装、海上油气田维保、水下工程检测与安装、海洋工程项目总包等能力，拥有 3 万吨级超大型海洋平台的设计、建造、安装等一系列核心技术，具备了 1500m 水深条件下的海管铺设能力。海上钻井服务方面，形成了深水钻井井场调查、钻井平台拖航、定位、钻井、钻完井液、测井、完井 ROV、溢油应急、直升机等各项技术服务能力[20]。

6.2.6　物探软件

6.2.6.1　国产物探软件迅猛发展

复杂地质条件下地球物理探测方法与技术取得显著成果，以百万道地震仪为代表的陆上物探装备技术迅猛发展[21]，自主研制了 G3i 地震仪、GeoEast 地震数据处理解释一体化系统。同时，形成了国际领先的地震信息解释、碳酸盐岩缝洞雕刻等特色技术。

6.2.6.2　国产物探软件功能进一步发展完善

Lightning 叠前偏移成像软件日趋齐全完整，效率领先于同类商业软件，实现了对商业软件的全面替代[3,22]。三维各向同性速度建模在生产测试中见到良好的效果。OVT 处理技术填补了 GeoEast 宽方位高密度处理技术空白。

6.2.7 钻井工程技术

6.2.7.1 近钻头地质导向钻井系统达到国际先进水平

近钻头地质导向钻井系统具有近钻头地质和工程参数测量、井下信息实时传输和导向决策三大功能，耐温 150℃，近钻头全部地质、工程参数距钻头 3m 以内，为世界上测量参数距钻头最近的地质导向工具[23]。连续管作业装备形成了 3 大类 8 种结构的系列产品，达到国内领先、国际先进水平，已推广连续管作业机 69 台套。

6.2.7.2 精细控压钻井技术与装备已在国内外广泛应用

精细控压钻井技术与装备集恒定井底压力控制与微流量控制于一体，井底压力控制精度 0.2MPa，达到国际同类技术产品先进水平[24]。系列顶驱及配套技术已形成可满足 3000~12000m 不同钻深要求的系列化顶驱，在国外 30 余个国家和地区得到广泛应用。

6.2.7.3 高性能钻井液技术提升了工程技术的整体进步，助推了复杂地层的勘探开发

抗高温水基钻井液在吉林、新疆及海外油田等一大批 200℃ 以上超高温深井作业，成效显著；胺基钻井液有效解决了钻井过程中因黏土水化引起的井眼缩径、坍塌等井壁失稳难题，在国内外 200 余口井成功应用，经济效益与社会效益显著；形成的高温高密度油基钻井液为高温深井提供了有力支撑[25]。

6.3 重大标志性成果

6.3.1 大庆油田高含水后期 4000 万吨以上持续稳产高效勘探开发技术

大庆油田原油连续 27 年 5000 万吨以上高产稳产，又连续 12 年实现原油 4000 万吨以上持续稳产，成为我国油气工业的一面旗帜（见图 6-2）。大庆油田

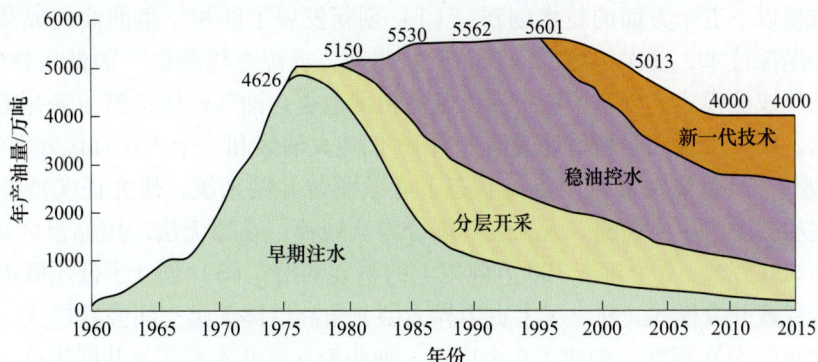

图 6-2 大庆油田产量构成图

三次采油产量数 10 年保持 1000 万吨以上，规模在全球位居第一。其中，聚合物驱油技术是在注入水中加入聚合物，提高注入水的黏度，改善油水流度比，扩大驱替液在油层中的波及体积，提高原油采收率。三次采油技术整体处于世界领先水平。该成果取得了以下四个方面的创新成果：（1）自主研发了高度分散剩余油定量描述与精细采油配套技术，实现了储层精细描述、剩余油定量识别和精细高效挖潜，达到国际领先水平。（2）首创聚合物黏弹性驱油理论及聚合物驱高效开发技术，在国内外首次揭示了聚合物驱可以提高驱油效率的机理，创新了聚合物黏弹性驱油理论，引领世界三次采油技术的发展。（3）首次揭示了大型陆相坳陷盆地负向构造带的油气分布规律，创新薄砂体精细找油技术，突破构造高部位找油的传统认识，实现勘探思路从正向构造带向负向构造带的转变，迎来老探区石油储量增长的新高峰。（4）创新并实施超大容量多样化注采液处理利用配套技术，实现特大型油田安全、清洁和高效运行。本成果的应用，累计产油 6.8 亿吨，累计增油 5774 万吨，主体油田采收率突破 50%，比国内外同类油田高 10%~15%。本项技术应用前景十分广阔，创建的高含水期聚合物驱油开发技术，抢占了国内外同行业技术制高点。应用这一技术，大庆油田可增加可采储量 1.24 亿吨以上，有力支撑了大庆油田高含水后期 4000 万吨以上持续稳产和高效勘探开发。技术成果已在国内 6 个油田推广应用，对我国陆上近 100 亿吨储量的高含水油田深度挖潜、进一步提高采收率，具有重要指导作用。技术成果已在苏丹、哈萨克斯坦、印度尼西亚等国家得到应用。对我国实施能源"走出去"战略，具有强力支撑作用。该技术于 2010 年获得了国家科技进步奖特等奖。

6.3.2　5000 万吨级特低渗透–致密油气田勘探开发与重大理论技术创新

2015 年长庆油田油气产量达 5480 万吨，使我国原油对外依存度降低 5%，为保障国家能源安全发挥了重要作用，并为国内非常规油气开发提供重要的技术储备，提升了我国在国际天然气市场的竞争地位。本成果整体达到国际领先水平，取得以下五个方面的技术创新：（1）创新发展了陆相三角洲油气成藏理论认识和勘探技术，首次构建了"源储压差驱动、近源充注聚集"的低压特低渗–致密油气成藏模式；创新了黄土沙漠区高精度地震含油气砂体预测与测井定量评价技术，指导发现三个新增地质储量超 10 亿吨大油区和一个 3.5 万亿方大气区。（2）创建了特低渗油藏复杂渗流状态下有效驱替井网系统，研究证实特低渗透储层基质孔隙与原生裂缝、人工裂缝耦合渗流规律，在原无法动用储量区建成 1 个年产 500 万吨、2 个年产 100 万吨以上的整装油田。（3）创立了低压低丰度致密砂岩气藏开发模式。建立了上古生界大型三角洲砂体 3 类空间叠置样式，明确了"甜点"分布规律，创建了 6 个层系 3 种井型立体开发模式及井网规范，形成了气井全生命周期分段产能评价方法，为年产 240 亿方苏里格大气田的建成提供了重要技术支撑。（4）自主研发了多缝压裂增产技术。形成了油田定向井同层多缝、水平井拖动管柱水力喷射多段压裂、气田定向井机械封隔连续分压、水平井不动管柱水力喷射多级滑套压裂等 4 种技术，规模应用 43000 层段，单井产量提高 3~6 倍。（5）发明了低成本地面集输工艺和橇装集成装置。创新应用"井下节流、井间串接"为核心的气田中低压集输工艺，气井开井时率由 67% 提高到97.2%；发明了 4 大类 31 种一体化油气橇装集成装置，气田单井地面投资降低60%，油田地面建设投资降低 20%。通过应用，新增石油、天然气探明储量 13.6亿吨、2.7 万亿立方米，累计增油 2290 万吨、增气 339 亿立方米，新增利润及节约成本 725 亿元，上缴税费 1510 亿元。该技术成果有力支撑了我国长庆油田5000 万吨级特低渗透-致密油气田（见图 6-3）的快速建成和上产，获 2015 年国家科技进步奖一等奖。

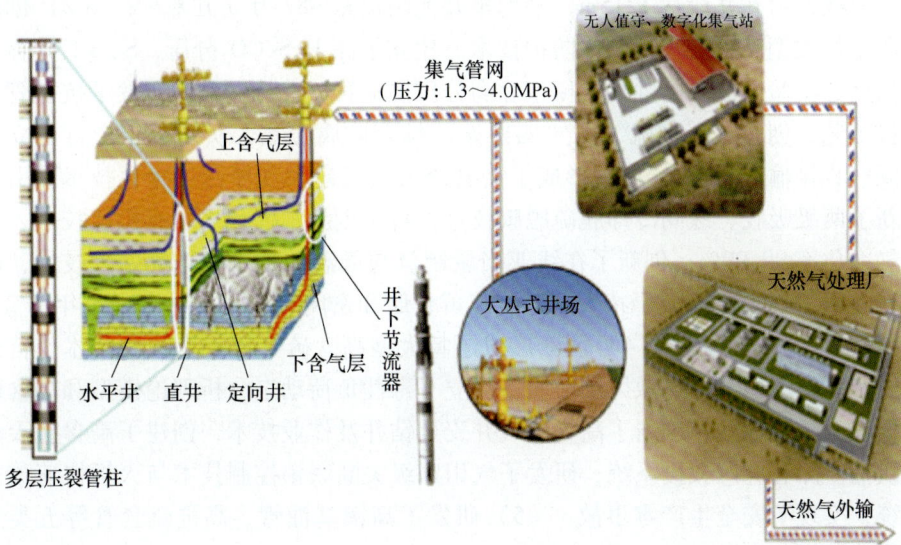

图 6-3　致密气田多类型井压裂、井下节流及地面一体化集成技术

6.3.3　特大型超深高含硫气田安全高效开发技术

四川盆地普光大型高含硫气田是目前国内发现的规模最大的海相整装气田，是国家"十一五"重大工程——"川气东送建设工程"的主供气源，普光气田的开发对改善能源消费结构、提高能效和保护环境有着重要的意义。普光气田具有气藏埋藏深、地形复杂、含气井段长、高含硫、中含二氧化碳、不含凝析油、具有边底水等特殊性，特别是气田硫化氢摩尔含量平均达到 15.2%，属于超高含量硫化氢气田，是目前我国已探明气田腐蚀环境最恶劣的气田之一。与常规气藏

开发相比，由于硫化氢为剧毒、高腐蚀气体，造成开发这类高含硫气田面临十分突出的安全、防腐、环保问题。加上国内在高含硫化氢气藏开发方面还没有成功经验，无成熟的开发经验可供借鉴，气田开发面临安全、高效、关键管材和装备的国产化，缺乏开发高含硫气藏的理论、技术和人才等四大方面的问题。"十一五"期间，针对普光气田开发建设困难和技术难题，围绕制约高含硫气藏开发的技术瓶颈进行了攻关，初步形成了高含硫气藏开发配套技术，为"十一五"期间普光气田建成天然气年产能 100 亿立方米提供理论指导与技术支撑。

项目主要技术创新包括：（1）创新形成了特大型超深高含硫气田高产高效开发技术。首次发现了高含硫气藏的特殊渗流规律，建立了气-液-固（硫）三相渗流理论模型，直接用于开发方案的优化设计；创新了超深礁滩相储层开发精细描述技术，开发井成功率 100%；研发了高含硫长井段气井射孔和酸压增产技术，一次性射孔井段达 1215m，平均单井无阻流量 487 万立方米/天。（2）创新形成了特大型高含硫气田腐蚀防护技术。建立了高 H_2S/CO_2 分压，S、Cl^- 共存条件的腐蚀实验方法、腐蚀预测模型和高分压抗硫管材选材标准；研发了抗硫管材焊接工艺；创新了高含硫气田"四要素"综合防腐方法，实现了年产百亿立方米湿气直接输送。（3）创新形成了高含硫天然气超大规模深度净化技术。引进创新了两级吸收、级间冷却脱硫脱碳技术，自主创新了催化水解有机硫技术，天然气净化率 99.99%；创新了在线亚当量制氢与低温加氢水解尾气处理技术，硫黄回收率 99.9%；研发了特大型散装硫黄仓储和密闭装车技术，实现了年产 210 万吨硫黄的安全储运。（4）创新形成了特大型高含硫气田安全控制技术。首次开展了复杂山地气体扩散风洞实验，创立了毒性负荷动态分析理论模型和高含硫气田安全防范标准；创新了高含硫气井安全钻井及作业技术，创建了高含硫天然气泄漏监测和应急救援系统；研发了气田四级关断联锁控制技术与火炬快速放空系统，实现了安全生产零事故。（5）研发了高镍基油管、高抗硫套管等五类关键抗硫管材和装备，实现了国产化。

依托国家科技重大专项"十二五"规划，在"十二五"期间，普光气田已全面进入开发生产阶段（见图 6-4），针对礁滩相储层厚度大、非均质性强，开发渗流特征及动用状况复杂，生产中存在硫沉积及积液等问题，开展气田高产稳产及集输、净化优化技术研究。针对大湾、元坝等高含硫气田埋藏深、储层变薄，要实现该类气藏有效开发，开展超深水平井开发关键技术和部分装备、管材国产化研究，以提高单井控制储量及产能，降低成本，提高效益。通过自主创新，揭示了高含硫碳酸盐岩气藏精细描述及开发规律，推动了高含硫气田水平井高效开发，已开发形成了高含硫气井稳产增产工艺、集输系统积液、硫沉积与腐蚀控制技术、百亿方级净化厂安全运行技术优化等创新技术，新建成我国第一个水平井整体开发高含硫气田，年产能达到 30 亿立方米，整体技术水平达到国际

图 6-4 普光气田采用丛式井组开发图

领先；研发出 6″抗硫钻杆、HH 级抗硫采气井口、抗硫高压分离器、大口径 L360S 抗硫输气管等抗硫装备及管材。研发出的抗硫输管等抗硫装备及管材，制造成本比进口产品降低 20%~30%，并已在大湾气田得到应用。该成果获得省部级科技进步奖一等奖 5 项，获 2012 年国家科技进步奖特等奖。

6.3.4 海洋石油 981 深水半潜式钻井平台

海洋石油 981 深水半潜式钻井平台（见图 6-5），兼具勘探、钻井、完井和修井等作业功能，最大作业水深 3000m，最大钻井深度可达 10000m，是我国首座自主设计、建造的第六代深水半潜式钻井平台。该平台整合了全球一流的设计理念和一流的装备，是世界上首次按照南海恶劣海况设计的，能抵御 200 年一遇的

图 6-5　海洋石油 981 深水半潜式钻井平台

台风。平台选用 DP3 动力定位系统，1500m 水深内锚泊定位，入级 CCS（中国船级社）和 ABS（美国船级社）双船级。平台首次采用最先进的本质安全型水下防喷器系统，具有自航能力。除了通过紧急关断阀、遥控声呐、水下机器人等常规方式关断井口，还增添了智能关断方式，即在传感器感知到全面失电、失压等紧急情况下，自动关断井口以防井喷。通过制造 981 半潜式平台，突破了半潜式平台可变载荷 9000t，成功研发了世界顶级超高强度 R5 级锚链，在船体的关键部位系统地安装了传感器监测系统，建造了国际一流的深水装备模型试验基地，应用了远海距离数字视频监控应急指挥系统，建立了全景仿真模拟系统，建立了一套完整的深水半潜式钻井平台作业管理、安全管理、设备维护体系，并通过三维建模、超高强度钢焊接工艺、建造精度控制和轻型材料等高端技术的应用，使国内海洋工程的建造能力一步跨进世界最先进行列。该平台的建成，标志着我国在海洋工程装备领域已经具备了自主研发能力和国际竞争能力。"海洋石油 981"先后入选 863 计划和国家重大科技专项计划，得到工信部"十一五"期间海洋工程重大装备项目的专项支持，获得 2014 年国家科技进步奖特等奖。

6.3.5   水平井钻完井和多段压裂增产关键技术装备

水平井钻完井和多段压裂增产技术对我国难采储量的开发意义重大。针对薄层、低渗透、浅层稠油等油气藏开发中遇到的诸多技术难题展开系统研究，取得了 5 大关键技术的重大突破：（1）攻克了多分支水平井完井装置和鱼刺水平井钻完井工艺，包括嵌入式分支水平井完井工具和前进式鱼刺分支水平井钻井工艺；使主井眼与分支井眼的可靠连接、贯通和重入技术，实现了"一井多层、一层多眼"，多分支水平井立体开发，大幅度提高了单井控制储量，降低了原油开采成本，使原本没有商业开采价值的难采储量转变为经济可采储量，为我国薄层、低渗透的高效经济开发和大幅度提高采收率奠定了基础。（2）创新了超浅层稠油和超薄油层水平井钻完井技术，包括超浅层稠油油藏水平钻完井、超薄层随钻电磁波电阻率地质导向、水平井多样化、个性化完井技术。解决了超浅层水平井造斜率高、套管下入难和超薄层水平井储层钻遇低及垂深疏松地层中大井眼水平井钻井技术难题，为双水平井及直井、水平井 SAGD 大幅度超稠油油藏采收率奠定了基础。新技术的应用有效建立了注采井间的均匀热流连通，为实现超稠油原位连续开采提供了先决条件；同时双水平井技术有利于控制超稠油汽液界面，保持注汽、泄油与产液三者间的平衡，为实现超稠油原位稳定、高采收率、高速高效开发提供了必要条件。（3）突破了注水开发油藏水平井储层改造的技术瓶颈，自主研发了低渗透油藏水平井多段压裂技术，实现了双封单卡拖动多段压裂、套管内滑套封隔器多段压裂，水平井修井专用系列工具、水平井井网缝网优化，突破了注水开发油藏水平井储层改造的技术瓶颈，达到了国际先进水平；自主研发了低渗透砂岩气藏水平井裸眼封隔器完井、多段压裂、投产一体化技术，实现了不动管柱分压段。该技术的规模化应用，转变了致密气田开发方式，有效提高了油气储层的渗流能力及供液面积，破解了注水开发低渗透油藏井网缝网优化设计难题，实现了对地下流体流动路径的高效调控，大幅增加了单井产量水驱波及体积和采收率，使低渗透油藏开发的渗透率极限由 5mD 降低到 0.3mD 以下。

本成果形成了适合我国储层特点的水平井钻完井与多段压裂成套技术（见图 6-6），提升了我国水平井压裂增产技术的整体水平，为我国难采未动用储量的经济有效开发和提高采收率提供了强有力的技术保障。同时减少了新钻井数量，减少了土地占用和污染物的排放，实现了油田的绿色生态开发。该技术形成了各种新技术规范项、标准件，共获省部级科技进步奖 13 项，其中特等奖 1 项、一等奖 6 项，并获 2012 年国家科技进步奖一等奖。

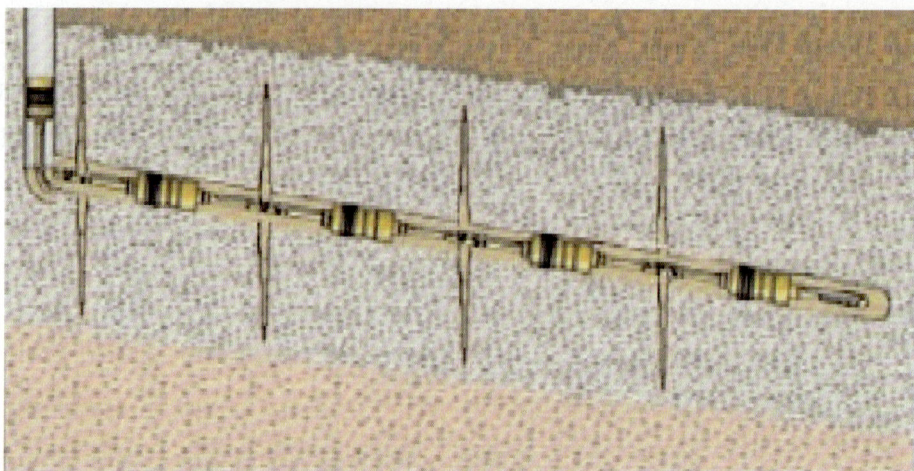

图 6-6　水平井多段压裂示意图

6.4　与世界先进水平的差距及存在的短板

我国与世界先进水平存在以下 4 个方面的差距。

（1）常规油气勘探方面：我国加强了深层/超深层油气系统成藏理论、复杂地质结构地震勘探技术、弱信号补偿地震成像技术和万米深井钻探技术攻关，引领了陆上超深层油气勘探技术创新发展。

（2）常规油气开发方面：我国水驱及化学驱提高采收率技术处于"领跑"阶段，油藏监测等技术处于"跟跑"阶段；但油藏动态建模、智能化、可视化技术及新型注剂等方面与国外公司存在一定差距，处于"跟跑"阶段。我国低渗透油藏开发技术整体处于国际先进，"超前（温和）注水""整体压裂"及水驱加密调整技术、水平井注采规模开发技术都处于"并跑""跟跑"并存；但水平井压裂整体技术尤其是井下工具及地面设备等方面与国外存在一定差距。

（3）非常规油气勘探开发方面：页岩油气地质约束下的地震预测技术处于"并跑"阶段；水平井、工厂化储层改造技术处于"跟跑"阶段，还具有一定差距，作业成本高且效率低是制约非常规油气勘探开发的主要短板；我国深层超稠油开发整体技术国际先进，SAGD 技术和超稠油火烧等技术处于"领跑"阶段，垂向火烧重力辅助驱油（THAI）监测技术处于"跟跑"阶段，与国外存在一定差距。在煤层气地面井增产技术方面，煤层气水平井压裂技术、大型连续油管压裂技术、易破碎煤层增产技术等尚未研发成功；多元气体注入置换（注气开采）的增产效果明显，但目前在国内仅处于先导性试验阶段，与国外仍存在很大的差距；不同井型、不同储层条件下的排采制度优化，依然是需要解决的一个关键技术问题。

（4）工程技术方面：陆上复杂区地震勘探技术处于"领跑"阶段，深层与非常规油气物探技术处于"并跑"阶段，海洋勘探技术有较大差距处于"跟跑"阶段，部分领域如大型深水钻探、海洋工程装备设计和建造能力初步形成；随钻测录导、井间地井测量、永久动态监测、智能注采测控技术及测井全过程的安全在线监控技术处于"跟跑"阶段，深层地震测井分辨率低，具有较大差距；我国连续管钻井、自动化钻机及高端测控装备处于"跟跑"阶段，具有明显差距，国外非常规油气在长水平段水平井、高效井网及一趟钻等高效开发技术与装备均较完备，我国少部分技术处在"并跑"阶段，大部分技术处于"跟跑"阶段。

6.5 未来发展方向

我国油气资源丰富，但趋向恶劣化，油气勘探开发亟须提高效率。研发一批具有自主知识产权的重大高端装备、工具、软件、材料和成套技术，为提高油气与非常规油气资源动用率和开发效益提供强有力的技术支撑。主要包括深层-超深层、非常规、海洋深水油气勘探开发和技术，以及大幅度提高原油采收率技术、大气田勘探与复杂气田提高采收率技术、煤系非常规天然气共生、共探、共采等综合规模化勘探开发技术及装备，低煤级、构造煤、煤层群及深部等特殊条件下的煤层气低成本高效规模化勘探开发技术及装备等。同时，我国石油工业面临环境气候、新能源、国际政治复杂化和保障油气供应安全等系列挑战，以及信息和人工智能等新科技发展的挑战，需要研发新一代石油工程技术装备。

参 考 文 献

[1] 王灵碧，葛云华. 国际石油工程技术发展态势及应对策略 [J]. 石油科技论坛，2015，4：11-19.

[2] 吴永彬，张义堂，刘双双，等. 基于 PETREL 的油藏三维可视化地质建模技术 [J]. 钻采工艺，2007，30（5）：65-66.

[3] 陈琼，王伟，葛辉，等. 成像测井技术现状及进展 [J]. 国外测井技术，2007，22（3）：8-11.

[4] 贺甲元，李凤霞，黄志文，等. 裸眼水平井压裂裂缝高度确定方法 [J]. 科学技术与工程，2013，13（30）：179-181.

[5] 白忠松. 三元复合驱采油技术在石油开采中的应用探讨 [J]. 化学工程与装备，2014，5：154-155.

[6] 赵惊蛰，李书恒，屈雪峰，等. 特低渗透油藏开发压裂技术 [J]. 石油勘探与开发，2002，29（5）：93-95.

[7] 王宇，苏劲，王凯，等. 全球深层油气分布特征及聚集规律 [J]. 天然气地球科学，2012，23（3）：534-536.

[8] Leblanc D, Huskins L, Lestz R. Propane-based fracturing improves well performance in Canadian tight reservoirs [J]. Word Oil, 2011（7）：39-46.

[9] 黄洪春．煤层气定向羽状水平井钻井技术研究［J］．天然气工业，2004，5：76-78.

[10] 张敏峰．深水钻井技术现状及发展趋势分析［J］．中国石油和化工标准与质量，2018，3：138-141.

[11] 陶士振，袁选俊，侯连华，等．大型岩性地层油气田（区）形成与分布规律［J］．天然气地球科学，2017，11：1613-1624.

[12] 郝芳，邹华耀，倪建华，等．沉积盆地超压系统演化与深层油气成藏条件［J］．地球科学：中国地质大学学报，2002，27（5）：610-615.

[13] 孙龙德，邹才能，朱如凯．中国深层油气形成、分布与潜力分析［J］．石油勘探与开发，2013，40（6）：641-649.

[14] 计秉玉，王友启，聂俊，等．中国石化提高采收率技术研究进展与应用［J］．石油与天然气地质，2016，37（4）：572-576.

[15] 廖广志，牛金刚，邵振波，等．大庆油田工业化聚合物驱效果及主要做法［J］．大庆石油地质与开发，2004，1：48-51.

[16] 贾承造，郑民，张永峰，等．中国非常规油气资源与勘探开发前景［J］．石油勘探与开发，2012，39（2）：129-136.

[17] 张金川，薛会，张德明，等．页岩气及其成藏机理［J］．现代地质，2003，17（4）：466.

[18] 唐颖，张金川，张琴，等．页岩气井水力压裂技术及其应用分析［J］．天然气工业，2010，30（10）：33-38.

[19] 邹才能，董大忠，王玉满，等．中国页岩气特征、挑战及前景（一）［J］．石油勘探与开发，2015，42（6）：689-701.

[20] 牛华伟，郑军，曾广东．深水油气勘探开发——进展及启示［J］．海洋石油，2012，32（4）：1-6.

[21] 周英操，杨雄文，方世良，等．PCDS-Ⅰ精细控压钻井系统研制与现场试验［J］．石油钻探技术，2011，39（4）：7-12.

[22] 刘振武，撒利明，董世泰．中国石油物探技术现状及发展方向［J］．石油勘探与开发，2010，37（1）：1-9.

[23] 王智锋．MRC近钻头地质导向系统总体设计与应用［J］．石油钻采工艺，2015，37（4）：1-4.

[24] 石林，杨雄文，周英操，等．国产精细控压钻井装备在塔里木盆地的应用［J］．天然气工业，2012（8）：6-10.

[25] 王建华，鄢捷年，丁彤伟．高性能水基钻井液研究进展［J］．钻井液与完井液，2007，24（1）：71-75.

7 地 热 开 发

7.1 国际科技发展状况与趋势

7.1.1 国际地热发展现状

地球的地热能资源潜力巨大。国际能源署（IEA）、中国科学院和中国工程院等机构的研究报告显示，世界地热能基础资源总量为 $1.25×10^{37}J$（折合 $4.27×10^8$ 亿吨标准煤），其中埋深在 5000m 以浅的地热能基础资源量为 $1.45×10^{36}J$（折合 $4.95×10^7$ 亿吨标准煤）中低温（$25\sim150℃$）地热能资源分布广泛，高温（>150℃）地热能集中分布在大西洋中脊、红海-东非裂谷、环太平洋、地中海-喜马拉雅地热带。由于所处地理位置和大地构造背景的差异，四大高温地热带沿线国家的地热能资源较为丰富，主要包括冰岛、肯尼亚、美国、日本、菲律宾、印度尼西亚、新西兰、中国、土耳其等。如地处环太平洋地热带上的美国，埋深在 1 万米以浅的水热型、干热岩型地热能基础资源量分别为 $9.6×10^{21}J$、$1.4×10^{25}J$；地处地中海-喜马拉雅地热带上的土耳其，埋深在 3000m 以浅的地热能基础资源量为 $3.96×10^{23}J$。

目前，世界上已开发利用的地热田主要分布在高温地热带上，如位于大西洋中脊地热带的冰岛克拉夫拉（Krafla）地热田，红海-东非裂谷地热带的肯尼亚奥卡利亚（Olkaria）地热田、环太平洋地热带的美国盖瑟尔斯（Geysers）地热田、墨西哥塞洛普力拓（Cerro prieto）地热田、菲律宾通嘉兰（Tongonan）地热田、印度尼西亚卡莫江（Kamojiang）地热田、新西兰怀拉开（Wairakei）地热田、地中海—喜马拉雅地热带的意大利拉德瑞罗（Larderello）地热田、中国羊八井地热田和羊易地热田等。

7.1.1.1　地热勘查程度高，提高了地热资源保障能力

世界上许多发达国家在 20 世纪 80 年代以前就先后完成了地热资源调查评价工作。70 年代，美国地质调查局主导，完成了两次全国范围的地热资源评价，即 1975 年和 1978 年的地热资源评价，1982 年又针对已探明的 241 个中高温地热区所在的美国西部 13 个州的地热潜力进行了分析，2006 年完成了美国全境地下 10km 范围内干热岩资源潜力评估。日本的地热资源评价则分为 1957 年、1970 年以及 1977 年三个阶段。其他国家，如墨西哥、意大利、新西兰等国也根据本国地热资源分布情况，相应地完成了全国或局部地区地热田的地热资源勘查评价工

作，通过加大地热勘查评价力度，提高了地热资源保障能力，促进了地热资源开发利用。

大地热流是地热资源评价最基础的工作，全球大地热流的测量工作始于20世纪30年代末。目前，已在全球收集整理了58000余个大地热流数据（陆域35523个，海域23013个）。

7.1.1.2 地热利用发展迅猛，中低温地热发电异军突起

由于20世纪70年代的世界石油危机，欧美等国家开展了大规模的地热资源勘查工作，有效促进了地热资源高效利用，应用地热发电的投资迅速增加，尤其是中低温地热发电异军突起。目前，世界各国地热资源利用量不断攀升，开展地热资源利用的国家已经达到82个。其中，冰岛能源60%以上使用地热能，87%的家庭使用地热供暖；新西兰全部可再生能源利用达到72.5%，并提出在2025年之前将可再生能源的份额提高到9成的目标；菲律宾的地热发电量居全球第二位，发电量的17.6%由地热发电供应；德国提出不再使用化石能源。

在地热发电方面，2015年全球地热装机容量已达到12635MW，较2010年增加16%；2017年年底全球地热装机达到14060MW，排在前10位的地热发电装机国家是：美国（3591MW）、菲律宾（1868MW）、印度尼西亚（1809MW）、土耳其（1100MW）、新西兰（980MW）、墨西哥（951MW）、意大利（944MW）、冰岛（710MW）、肯尼亚（676MW）、日本（542MW）。其中，双工质发电技术的广泛应用拓宽了可用于发电的地热资源的温度范围，中低温地热发电取得了迅速发展。

7.1.1.3 地热探采技术取得突破，干热岩成功发电

美国、德国、法国、英国、澳大利亚、日本等国家，在区域地热地质背景研究的基础上，初步建立了干热岩资源勘查评价技术方法体系，实施了重点区干热岩资源勘查评价和开发试验工作。经过近40年的发展，高温地热探采技术不断取得突破，干热岩及其增强型地热系统工程技术日趋成熟，并逐步显现出巨大的开发利用价值。尤其是发达国家都投入大量资金开展干热岩勘查开发利用工作，并取得了一定的工程技术经验，建设了15个干热岩发电示范工程。目前，位于法国的Soultz干热岩发电项目，实现了2.5MW装机容量的稳定运行。

7.1.2 国际地热发展趋势

7.1.2.1 地热发电

Bertani（2012年）对地热发电进行了预测，如图7-1所示（不考虑干热岩）[1]。可以看出，到2050年，地热资源发电装机容量将达到70GW，这是一个非常远大的目标。想要达到这一目标，就必须摆脱目前地热发电的线性增长趋

势，而进入指数增长过程，而这一增长将主要依靠利用双工质电站进行中低温地热发电的项目。

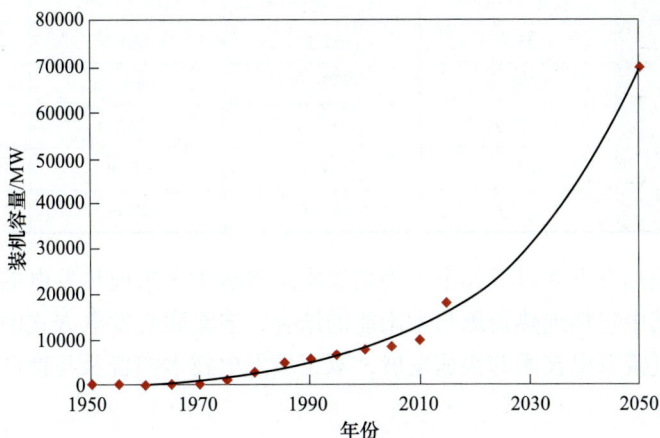

图 7-1 世界地热发电预测（至 2050 年）[1]

增强型地热系统（干热岩）至今仍处于试验阶段。为了使干热岩可以广泛普及，目前仍然需要实现一种技术，建立起不受地质条件限制的干热岩热储。这一技术仍然面临着许多难题[2]。

一些专家利用对数正态分布统计分析地热资源，预测表明到 2050 年，从干热岩系统中开发出至少 70GW 的容量。最终预测结果表明，截至 2050 年，世界总装机容量将达到 140GW，如图 7-2 所示，采用相同的热/电转化率，相当于 66EJ/a。表 7-1 所示为世界地热发电装机容量及年利用量的长期预测结果[1,3]。

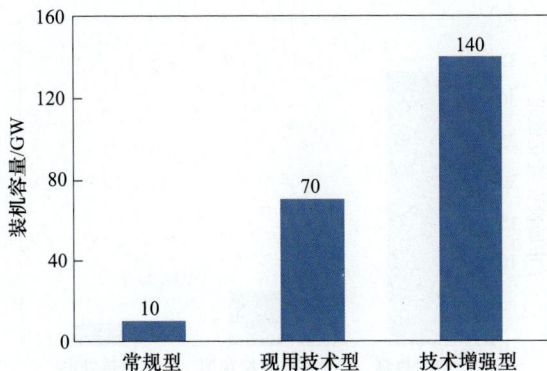

图 7-2 世界地热发电装机容量预测

表 7-1 世界地热发电量预测[1,3]

地热发电预测	2020 年	2030 年	2050 年	2100 年
	发电（GWe）	发电（GWe）	发电（GWe）	发电（GWe）
装机容量	25.9	51.0	160.6	264～1411
世界预测用量	TWh$_e$/a	TWh$_e$/a	TWh$_e$/a	TWh$_e$/a
	181.8	380.0	1266.4	2083-9000
	EJ/a	EJ/a	EJ/a	EJ/a
	0.65	1.37	4.56	7.5～32.4

此外，地热发电在以下几个方面的发展也将成为未来地热发电的核心力量和主要趋势，其中包括地热资源与太阳能的结合，多级联合发电方式的结合与梯级利用，热能直接发电技术的快速发展，双工质发电技术的普及与推广，以及油田区地热发电等。

7.1.2.2 地热直接利用

中、低温地热资源直接利用的优势主要在于这一温度范围内的地热资源分布更为广泛，至少在 80 个以上的国家均有分布，且分布在经济可钻采的深度范围内。此外，地热资源直接利用过程中不存在效率转换损失，项目进程中可以采用传统的水井钻进方法，利用现有的供热和制冷设备。大部分地热资源直接利用项目可以在不到一年的时间内建成投产，规模可以很小，只供给单独的一个家庭、温室或者养殖池塘使用，也可以实现较大规模，用于区域供暖、制冷，或者农产品和木材的干燥等。

地热直接利用覆盖了欧洲绝大多数国家，截至 2012 年年底，欧洲地热直接利用装机容量达到 24.3GW，主要包括地源热泵（16.5GW）、地热区域供暖（3.9GW）、地热工农业应用（1.4GW）以及地热洗浴等（2.6GW）。图 7-3 所示为欧洲地热资源利用市场投资状况分布图[4]。

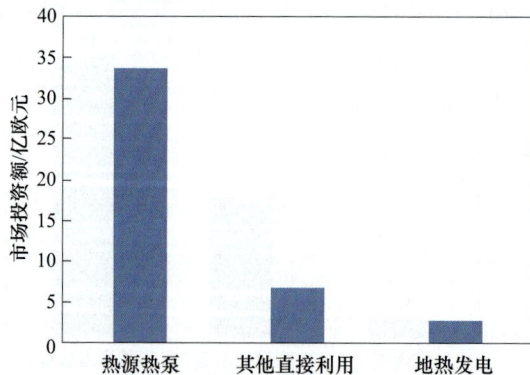

图 7-3 2012 年欧洲地热资源利用市场投资状况

地源热泵目前已经成为地热资源直接利用技术中发展最为迅速的主力，因为它可以在世界任何地区，利用常规的土地和地下水的温度进行供暖和制冷。2013年欧洲地热大会更是将地源热泵从地热直接利用脱离出来，单独成为地热利用的一个领域。

此外，利用双工质循环发电和梯级利用地热供暖的低温热电联产电站也日益普及，尤其是在欧洲地区，这种方式可以最大限度地有效利用资源，提高项目的经济效益。

近年来，世界各国地热资源直接利用方式的装机容量均有显著变化，尤其是在地源热泵方面，增长十分迅速，如图 7-4 所示，为截至 2007 年欧洲主要国家地区地热资源直接利用的容量分布。

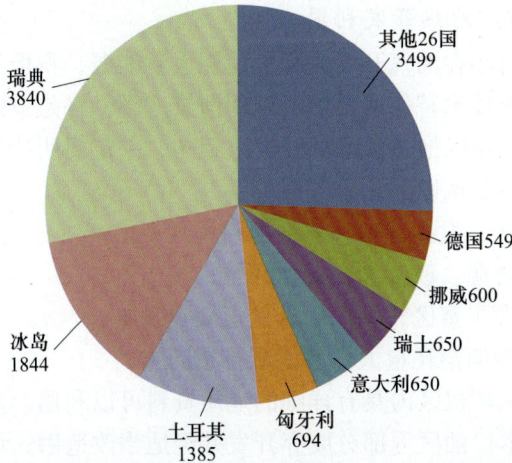

图 7-4 2007 年欧洲地区地热资源直接利用的容量分布（MW）[5]

目前，世界地热资源直接利用效果较好，贡献较大的几个国家如下：

冰岛：提供全国 86% 的地热供暖。

土耳其：采暖在过去 5 年中增加了 50%，满足了约相当于 65000 的住户；到 2010 年，全国 30% 采用地热供暖。

突尼斯：在过去的 10 年，温室供暖面积从 10 公顷增加到 100 公顷。

日本：利用天然温泉为全国 2000 多个温泉度假村、5000 多家公共澡堂和 15000 多家旅馆提供服务。

瑞士：已经安装了 30000 地源热泵，是单位国土面积安装地源热泵最多的国家。管道排水用于附近村庄供暖，一些地热项目用于融化路面冰雪。

美国：已经安装了 700000 地源热泵机组，主要分布在中西部和东部各州，年均增长速度 15%。

Bertani（2012 年）和 Goldstein 等人（2011 年）对于世界地热直接利用装机

容量以及利用热量进行了长期预测，见表 7-2[1,3]。

表 7-2 世界地热资源直接利用长期预测[1,3]

地热资源直接利用预测	2020 年	2030 年	2050 年	2100 年
	直接利用/GW			
装机容量	160.5	455.9	800	1316~5685
	TWh/a	TWh/a	TWh/a	TWh/a
世界预期用量	421.9	1998.0	2102.2	3457~14940
	EJ/a	EJ/a	EJ/a	EJ/a
	1.52	4.31	7.57	12.4~53.8

7.1.2.3 油田区地热开发利用

各国石油公司每年在油气开发过程中消耗大量能源，积极利用油田区地热资源发电或采用热泵等技术替代加热炉，利用前景广阔，将是节能减排和降耗的重要手段。因此，在油田区地热资源的开发过程中，一定要明确发展目标，结合地区和产业的优势，主要从以下几个方面着手：

（1）依托油田区，发挥优势，降低能耗；

（2）利用地热资源，改善油区工作环境；

（3）在地热资源丰富区，利用中、低温地热发电；

（4）石油自身能源消耗量大，节能减排空间大。

由于各油田区在矿权区内具有详细的地质资料可以利用，这无疑大大降低了地热资源的勘探成本。油区内部分废弃开发井经适当改造后，可转化为地热开发井，用地热资源替代油气开发过程中的能源消耗。

在如今我国化石能源日趋短缺和对外石油依存度越来越大的情况下，面对油区巨大的能耗，尤其是原油管道输送加热，每年需燃烧数十亿立方米的天然气，开展利用地热资源不但可行，而且具有广阔的市场空间，应大力推广应用。

7.2 我国地热资源开发科技创新的进展

"十一五"以来，我国初步查明了地热资源分布规律，评估了地热资源量。中国科学院先后 3 次发布了大地热流数据，并多次编制并修订了全国大地热流图，截至 2013 年，纳入中国大陆地区热流数据库的热流数据为 977 个；原全国矿产储量委员会建立了全国部分温泉、热水井、地热田的数据库；石油部门在进行油气勘探和油田水的研究中，相继发现了油气盆地中的热水和热卤水资源，对京津冀等油田区的地热资源进行了研究，逐渐形成了我国多期复杂演化沉积盆地地热历史恢复的技术和方法，多项地热研究成果应用于油气勘探实践；在矿山地热研究方面逐渐拓展了深度，在深部地温预测与热害成因等方面取得了新的认识。

2011年中国地质调查局又启动了全国地热资源调查评价项目，完成了336个地级以上城市浅层地温能调查评价，编制了各重点城市浅层地温能开发利用区划方案；并综合自然气候条件、浅层地温能赋存条件与开发利用成本效益分析，将我国陆区分为适宜规模化开发利用和适宜小规模分散式利用两种地区，其中适宜规模化开发利用地区主要分布于华北地区、华东地区和南方夏热冬冷地区，青藏高寒区、北方寒冷区和南方热带-亚热带等地区则适宜小规模分散式利用。

完成了我国水热型地热资源普查，基本摸清了全国地热资源开发利用现状，圈定了具有开发利用潜力的地热区（田）。其中，高温水热型地热资源重点潜力区主要包括藏南郎久、曲谱、查布、卡乌、苦玛以及川西措拉、格扎、茹布查卡、然乌、龙普沟、色西底、普格等地热区，地热发电潜力不低于300MW；中低温水热型地热资源重点潜力区主要包括赣南地区，福建德化、广东从化、惠州，海南陵水，河北阜平，华北盆地、松辽盆地哈尔滨-大庆地区、苏北、河套九原-包头地区、陇东凹陷、天山北麓等地区。

启动了我国干热岩资源调查评价及勘查示范工作，初步估算了我国陆区干热岩资源潜力，分析了不同类型区干热岩资源成因机制，圈定了我国干热岩资源赋存及开发利用重点有利目标区，包括东南沿海福建漳州-南埕、广东惠州-阳江、海南陵水等高放射性花岗岩型干热岩资源有利目标区；华北盆地、松辽盆地、关中盆地等沉积盆地型干热岩资源有利目标区；长白山、雷琼地区、腾冲、大同-忻州等现代火山活动型干热岩资源有利目标区及藏南古堆、南疆塔身库尔干、青藏高原东北缘等强烈构造活动带干热岩资源有利目标区。据估算，我国大陆干热岩地热资源基数总量为 2.1×10^{25} J，可采资源量的上限为 8.4×10^{24} J，下限为 4.2×10^{23} J，中值为 4.2×10^{24} J[4]。

经初步统计，我国在全国范围内进行了1:1000000地热资源普查，其中川西地区、青藏铁路沿线地区、关中盆地、珠江三角洲地区及华北平原地区完成1:250000地热地质调查，总计调查面积约60万平方千米。1:50000地热地质调查则分散完成在全国典型地热异常地区，如西藏羊八井、湖南灰汤、广东丰顺等地区，总计调查面积约1万平方千米。完成全国336个地级以上城市浅层地温能调查评价，其中31个省会级城市共计1.6万平方千米达到1:50000地热地质调查程度，有力推进了地热资源的开发利用。我国浅层地温能资源可分为适宜规模化开发利用区与适宜小规模分散开发利用区，其中适宜规模化开发利用区面积约为180万平方千米；水热型地热资源主要分布区面积约为160万平方千米，共圈定出31处重点勘查区；干热岩资源共圈定出10处资源远景区，包括29个重点勘查区。

地热能勘探技术不断成熟。地热地质、地球物理、地球化学、钻井工程等理论和技术方面取得重要进展。

（1）地热地质研究方面，在大地热流场、地热成因、热富集规律分析、地热能资源评价等方面取得一系列研究成果，正在积极探索深部地热成因、地热田三维地质建模、热储精细描述、采灌均衡下的资源评价等，为地热能资源勘查开发提供理论指导。

（2）地球物理方法初步形成从重磁电普查到地震勘探详查的多种方法综合地球物理勘探技术。近年来，地热能赋存的地质与地球物理特征综合系统研究能力和水平、三维地震地质结构模型精细刻画技术取得长足进步，提高了水热型和干热岩型地热能资源靶区优选和钻孔定位的精度和效率。

（3）地球化学勘探技术体系已逐步形成。经过数十年的发展，基本建立了一套基于气体、水和岩石的化学与同位素等地球化学方法，可用于地热能异常区判定、热储温度估算地热水成因推断、结垢与腐蚀作用预测等。

（4）钻井技术取得很大进步。20世纪90年代后期至今，我国开始将石油钻完井技术工艺与相关地热能工程施工结合，大大提高了钻井效率，缩短了建井周期。先后在西藏羊八井[6]、肯尼亚、土耳其等地区成功钻探多口300℃以上的高温地热井。

地热能开发利用技术取得进展。热泵技术快速发展，形成适合我国国情的大型地源热泵、高温热泵和多功能热泵系统，主要技术与装备已基本实现国产化。

地热尾水回灌技术取得一定进展，岩溶型热储的尾水同层密闭回灌技术较为成熟；砂岩热储的经济回灌技术进行了大量科学试验与生产实践，取得较大进展，但尚未达到大规模经济性推广要求。

开展了地热能梯级利用技术积极探索，在京津冀和东南沿海地区初步建立发电、供暖二级地热能梯级开发利用示范基地。

7.3 重大标志性成果

7.3.1 京津冀地热资源勘查与梯级利用科研基地初步建成

京津冀地热调查科技攻坚战取得重大进展，京津冀地热资源勘查与梯级利用科研基地（以下简称"科研基地"）初步建成。在献县探获高产能高于庄组新热储层系；实现首期280kW的地热发电和3万平方米建筑供暖梯级经济综合利用，形成了京津冀深部碳酸盐岩热储高效利用新模式，是京津冀深部地热资源探测与高效利用模式研究取得的重大成果。

该成果取得以下创新和突破：（1）探获高产能高于庄组新热储层系。通过4050m钻探，发现了雾迷山组之下的高于庄组新热储层。高于庄组热储温度100多摄氏度，经改造后，涌水量从35m³/h增加到70m³/h，是华北平原极具潜力的地热储层，可作为后备资源加以勘查和保护。（2）实现京津冀地区中低温地热经济高效发电。综合应用高于庄组和雾迷山组热储地下热水，实现首期装机容量280kW的地热发电，平均发电效率达10%，处于国内领先水平，形成了京津冀地区深部碳酸盐岩热储高效利用新模式。（3）实现了地热发电、供暖两级经济高效梯级利用。大幅提升了地热能的利用率，显著提升了地热经济效益，破解了地热资源规模化、产业化开发利用的成本瓶颈。经测算，地热发电、供暖两级利用率为75.8%，达到国际先进水平。通过阶段财务分析，静态投资回收期为7.75年，内部收益率为12.16%，对企业跟进投入有很大的吸引力。

该成果将为雄安新区、京津冀地区乃至全国地热资源规模化开发利用提供可借鉴、可复制的新模式，对于京津冀地区乃至全国优化能源结构、改善大气环境、发展循环经济具有重要的示范意义。

7.3.2 青海共和盆地钻获高温优质干热岩体

青海共和盆地干热岩勘查项目，在共和盆地3705m深处钻获236℃的高温干热岩体。这是我国首次钻获埋藏最浅温度最高的干热岩体，实现了我国干热岩勘查的重大突破。

该项成果取得以下创新和突破：（1）攻克高温钻井关键技术，成功施工5眼干热岩勘探孔，孔深在3000～3705m，井底温度达180～236℃，5眼勘探孔均钻获干热岩体。根据国际标准，部分属高品质干热岩体。（2）圈定面积达3000km^2的干热岩体分布区，远景资源量十分可观。（3）初步建立干热岩地热地质调查、地球物理勘查、地球化学勘查和钻探等综合勘查技术方法体系。研发了具有自主知识产权的分布式光纤测温仪和干热岩地层钻孔GRY-1型测斜测温仪，首次实现了干热岩深孔测温突破。（4）研究提出青藏高原东北缘干热岩地质成因模式，初步建立不同尺度干热岩勘查开发选区评价指标体系及资源评价方法。

7.4 与世界先进水平的差距及存在的短板

7.4.1 高温地热勘探和钻井技术

我国地热勘查开发虽已走过60多年，但仍以中低温地热为绝对优势。高温地热基本上只在西藏羊八井地热田开展，固然取得了自主高温地热发电的成功，建立过历史功勋，但与世界高温地热勘探开发相比，存在诸多缺陷。勘探部署"就热找热"，导致发电开发后地表热显示消失。高温钻井技术因缺少实践经验，在羊八井曾有3眼钻井因水热爆炸而报废。在羊八井地热发电之后，很少有后续项目展开。直到2012年拟建羊易地热电站开始地热生产井钻井，又暴露出一系列高温地热勘探钻井的技术问题。

羊易地热田20世纪90年代的勘探限于1000m深度，2012年的生产井钻井结合了可控源音频大地电磁测深（CSAMT）新技术，采用地球物理勘查方法选定井位。但成井温度和压力未达到预期，未超过90年代勘探井。在高温地热钻井过程中，没有高温的井下录井测试仪器和测井车，无法了解井下温度和裂隙分布情况。在完井测试时，没有汽水分离装置，无法测全、测准高温地热井的产能参数。

我国在深层高温地热钻井方面与世界先进水平存有差距，有很多技术难点，如高温井控、超高温钻井液、高温固井与成井、高温钻井工具与仪器、高温井眼轨道测量与控制、高温条件下破岩效率等。

7.4.2　地热发电技术落后造成成本过高

我国中低温地热发电起步较早（20世纪70年代），但发展缓慢。当时由于"技术上可行，经济上不合算"理念而放弃研发，多座地热电站停运，目前只有广东丰顺邓屋地热电站还在一直运行。然而，在我国放弃继续研究的30多年中，美国、欧洲等国家和地区却继续进行深入研究，经过多年试验，多座中低温地热电站成功建成商业化运营，实现降低成本和提高效益的目标。

近年来，我国中低温地热发电技术虽然取得一批科研成果，仍然面临整机系统耗能较高、效率偏低、主要设备加工制造集成化不够、动力部件核心技术（密封）落后、循环工质的成本偏高等"卡脖子"技术问题。中低温地热发电尾水的综合利用也是需要解决的问题。

7.4.3　干热岩勘查开发技术

干热岩地热资源的巨大潜力需要靠干热岩（增强型地热系统、工程地热系统）技术实现开发。我国在"十二五"期间对干热岩已经开始多方位的研究，涉及地质勘探、钻井工程、水力压裂以及发电等干热岩技术的关键，但具体工程实践，目前只开始了钻井，尚未开展干热岩的核心技术试验。总体技术与世界先进技术相比仍显落后，核心技术还没完全掌握，面临许多"卡脖子"问题和众多的工程技术问题，需继续研发实践。

目前，世界干热岩工程化研究仍处初级阶段，投资风险大且周期长，政府支持关键技术研发及集成示范研究，是最终实现商业化的必由之路。掌握干热岩稳定运行条件和热能产出的优化控制技术，形成我国干热岩勘查开发和利用的干热岩技术体系，建立MW级干热岩开发利用的示范工程是干热岩研发的关键。

7.4.4　地热资源梯级综合利用技术

伴随我国中低温地热直接利用几十年的开发发展，地热资源直接利用的主要技术瓶颈为：地热资源梯级综合利用技术的接口、设计与实际应用偏差过大等；部分地区地热资源利用效率偏低，检测技术及管理水平落后、人为因素干扰开采数据的可靠性等。

7.4.5　地热回灌技术

地热回灌是地热开发过程中的重要问题。如果回灌过程中出现热突破，将危及地热田的开发寿命。因此，地热尾水生产性回灌前要进行回灌试验，确定热储的性能以及回灌井与开采井之间的合理井距非常必要。要借助数值模拟法对不同生产和回灌条件下热储压力和温度的变化进行预测，还要尽快研发配套的工艺技术。

7.4.6　防腐防垢技术

无论是地热发电还是直接利用都会经常遇到井管、深井泵及泵管、井口装置、管道、换热器及专用设备等的腐蚀问题，从而大大降低了系统设备的使用寿命，增加了生产成本和正常运行的难度。地热水结垢是地热系统运行中普遍存在的现象，是影响地热直接利用系统正常运行的重要问题之一，直接影响地热利用系统的正常高效运行。因此，亟须研发防腐涂料、化学阻垢和地热水处理等防腐防垢技术。

7.5　未来发展方向

未来我国地热发展的总体方向，将主要体现在通过地热资源探测与地热能开发利用攻关研究，全面提升我国地热科技自主创新能力，取得一批在国际上具有影响的科技成果；将实现从目前的浅层地热能热泵技术应用向中深层地热能供暖方向发展，从高温地热发电向未来的中低温地热发电、干热岩地热资源开发利用、增强型地热系统和规模化地热电站建设方向发展。在基础研究方面，未来将加强区域性地热测量，将探寻区域性地热资源形成的构造-热机制，形成不同类型地热资源成因机理的理论体系。在区域调查方面，将全面提高我国地热资源的探测深度和精度，实现可利用地热资源量的大幅提升。在地热资源开发方面，重点突破采热和换热（包括地热发电）核心技术，形成地热资源高效开发技术系列。

参 考 文 献

[1] Bertani R. Geothermal power generation in the world 2005-2010 update report ［J］. Geothermics, 2012, 41: 129.

[2] Tester J W, Anderson B J, Batchelor A S. The future of geothermal energy-Impact of Enhanced Geothermal Systems (EGS) on the United States in the 21st Century ［R］. Massachusettes Institute of Technology, 2006.

[3] Goldstein B, et al. Geothermal Energy ［C］// IPCC Special Report on Renewable Energy Sources and Climate Change Mitigation. ed. O. Edenhofer, et al. 2011. Cambridge, United Kingdom

and New York, NY, USA: Cambridge University Press, 2011.

[4] 汪集旸，胡圣标，庞忠和，等 . 中国大陆干热岩地热资源潜力评估 [J]. 科技导报，2012, 30 (32)：25-31.

[5] Antics M, Sanner B. Status of geothermal energy use and resources in Europe [C]//Proceedings of the European Geothermal Congress 2007, Unterhaching, Germany, 2007, CD.

[6] 多吉 . 典型高温地热系统——羊八井热田基本特征 [J]. 中国工程科学，2003, 5 (1)：42-47.

8 我国科技创新的政策建议

21世纪以来，特别是"十一五"以来的十余年，是矿产资源领域科技创新整体水平快速提升的重要历史时期，科技创新体系不断完善，自主创新能力不断提升，重大创新成果竞相涌现，一些前沿方向开始进入与世界先进水平并跑、甚至领跑的阶段。但是，矿产资源领域科技创新仍然存在一些亟待解决的突出问题，特别是同党的十九大提出的新任务新要求相比，在创新能力、体制政策、创新人才、平台建设等方面还存在明显的差距，关键核心技术受制于人，科技成果转化能力不强，国际视野和全球化布局还不够，企业创新能力仍需提高，人才发展体制机制还不完善等问题仍待解决。

当前，世界正在进入以信息产业为主导的经济发展时期，新一轮科技革命和产业变革正在兴起，以人工智能、量子信息、移动通信、物联网、区块链为代表的新一代信息技术加速突破应用，机器人、大数据、新材料等先进技术正在加速推动制造业向智能化、服务化、绿色化方向发展，以清洁高效可持续为目标的能源技术加速发展将引发全球能源变革。同时，我国正处在转变发展方式的重要历史时期，如何加快推动新时代条件下矿产资源领域的高水平发展，是矿产资源领域科技创新面临的千载难逢的历史机遇，同时也是必须面对的重大课题和严峻挑战。

8.1 坚持国家需求和行业问题导向

科技创新要强化战略导向和目标引导，应坚持面向世界科技前沿、面向经济主战场、面向国家重大需求。政府应继续加强资源领域技术预测等战略研究工作，充分发挥各类"智库"和行业专家力量，密切跟踪全球资源领域科技发展趋势，深入分析我国资源领域战略性技术需求和相关行业亟待解决的共性关键科技问题，特别是应找准厘清"卡脖子"、受制于人的核心科技需求，研判国际合作与竞争形势，系统布局研究支持重点，整合优势科技资源集中攻关，提升科技对资源安全的保障能力。

8.2 构建全链条一体化的科技创新体系

习近平总书记指出，要坚持科技创新和制度创新"双轮驱动"。资源领域要围绕产业链部署创新链，围绕创新链完善资金链，营造开放协同高效的创新生态。针对资源勘探、开采及开发利用各环节的重大科技问题，科技主管部门应加强深地资源、绿色矿业等相关重大科技任务的统筹部署，注重基础理论、前沿高技术和支撑产业发展的共性关键技术协同创新。加强与工程实践的结合，促进工艺技术和重大装备在示范应用中不断成熟完善。同时，鼓励开展跨学科、跨领域、跨产业的基础研究、关键共性和协同技术的研究，特别是加强 5G 通信、新材料、人工智能、大数据等新技术在资源领域的应用，推动新兴技术和颠覆式创新与资源领域技术的融合发展。以中央财政投入为引导，撬动地方政府投资、社会资本、单位自筹等构建多元化、多层次的科技创新投入体系，保障对资源领域基础研究、前沿技术探索的稳定支持，保障重要战略研究任务的接续开展。

8.3　强化企业科技创新主体地位

企业是创新的主体，是推动创新创造的生力军。要推动企业成为技术创新决策、研发投入、科研组织和成果转化的主体，需培育一批核心技术能力突出、集成创新能力强的创新型领军企业。政府应进一步创新机制，综合运用资助、风险投资、贷款贴息、后补助等多种方式，引导创新资源向企业聚集，助推企业充分发挥在科技创新、成果转化中的主导作用。在市场竞争较为充分的矿产资源领域，通过竞争性资助项目发掘真正具备创新竞争力的团队和潜力技术方向，发挥好大型国企的示范引领作用。在行业骨干企业优先建设国家重点实验室等研发平台，鼓励产学研结合、大中小企业共同组建产业技术协同创新联盟，建立联合开发、优势互补、成果共享、风险共担的产学研合作机制，利用国家科技成果转化引导基金等渠道，推动科研成果的产品化开发和转移转化，让科技成果迅速找到"试验田"，以技术研发与产品应用的快速反馈、迭代升级，不断提升产品性能指标和实用性。

8.4　营造科技创新的良好环境

习近平总书记在 2018 年两院院士大会上指出，要尊重科研规律，尊重科研管理规律，尊重科研人员意见，为科技工作者创造良好环境，服务好科技创新。政府部门和相关单位应抓好中央关于科技体制改革相关政策的落实工作，特别是落实科技领域"放管服"改革、减轻科研人员负担、加大科研人员激励方面的改革举措，努力营造平等争鸣、鼓励探索、宽容失败、激励创新的学术文化氛围，使科学家在优越的科研环境中能够一心一意地从事科学研究。相关科研院所和高校应尽快将科技成果转移转化激励机制的改革精神转化为符合单位实际的规章制度，引导和鼓励科研人员主动对接市场需求，促进理论研究和技术成果转变为保障国家资源安全的实效，让科研人员在知识服务、成果转化过程中切实体会到成就感。相关部门对改革精神和系列政策的落实情况应进行督导和评估，广泛听取一线科研工作者的意见建议，不断改进和优化政策举措，提升管理效能。

8.5　加快资源领域基础条件平台建设

科技创新基础条件平台是实现有效配置资源和人才，推动产学研结合，促进科技成果转化的重要载体。习近平总书记指出要高标准建设国家实验室，推动大科学计划、大科学工程、大科学中心、国际科技创新基地的统筹布局和优化。

针对矿产资源科技发展的前沿和市场的需求，加大投入，统筹规划资源领域创新基地，如国家重点实验室、国家工程技术中心和国家分析测试中心的建设等。依托高等学校、科研机构、产业技术创新联盟、中介机构和大型骨干企业等，采取部门和地方联动的方式积极布局技术创新服务平台，充分发挥转制院所在技术创新服务平台建设中的作用，加快先进适用技术和产品的推广应用，加速科技成果的工程化和产业化。

同时，政府相关部门应加强协同，加快建设面向全球的数据共享基础设施，基于已有平台基础尽快建成具有影响力的国家级数据中心，如可考虑通过部门合作共建国家级地质资料数据中心，实现地调业务领域与科学研究领域相关数据基础设施的互通互查，提高跨部门数据可发现性、可利用性、互操作性，减少信息化建设中的重复投资，提高数据共享效率。

8.6　加强资源领域国际科技合作

科学技术是世界性的、时代性的，发展科学技术必须具有全球视野。资源开发利用的全球化趋势不可逆转。在创新链的各环节，我国都应进一步扩大开放，主动布局和积极利用国际创新资源，全方位加强国际合作，坚持"引进来"和"走出去"相结合，积极融入全球创新网络，立足国内，用好"两种资源，两个市场"。以实施"一带一路"倡议为契机，加强与资源大国、资源强国的技术研发合作交流，鼓励支持科研单位与"一带一路"相关国家产学研机构共建资源技术联合实验室，并根据实际需要在境外建设技术示范基地和科技园区，积极参与国际标准、技术规范的制定，提高参与全球能源资源治理的能力，为国家"走出去"战略提供有力支撑。